中华现代学术名著丛书

《中华现代学术名著丛书》

【第一辑　四十种】

马氏文通	马建忠
国故论衡	章太炎
王国维文学论著三种	王国维
吴梅词曲论著四种	吴　梅
中国中古文学史 汉魏六朝专家文研究	刘师培
中国文学批评史（上、下）	郭绍虞
甲骨文字释林	于省吾
中国俗文学史	郑振铎
汉语语音史	王　力
红楼梦辨	俞平伯
中国韵文史	龙榆生
汉魏六朝诗论丛	余冠英
台湾通史（上、下）	连　横
秦汉史	吕思勉
中国史学史	金毓黻
史学要论	李守常
中国通史简编（上、下）	范文澜
国史大纲（上、下）	钱　穆
中国史纲（一、二卷）	翦伯赞
春秋史	童书业
魏晋南北朝史论丛	唐长孺
明清社会经济史论文集	傅衣凌
西夏史稿	吴天墀
中国伦理学史（外一种）	蔡元培
新唯识论	熊十力
东西文化及其哲学	梁漱溟
科学与玄学	罗志希
中国艺术精神	徐复观
论逻辑经验主义	洪　谦
九朝律考	
比较宪法	
中国法律与中国社	
中国民治论	鲍明钤
中国官僚政治研究	王亚南
通货新论	马寅初
中国经济思想史	唐庆增
中国厘金史	罗玉东
北平生活费之分析	陶孟和
论社会学中国化	吴文藻
第四种国家的出路	吴景超

【第二辑　三十种】

目录学发微 古书通例	余嘉锡
积微居小学金石论丛	杨树达
现代中国文学史（外一种:明代文学）	钱基博
等韵源流	赵荫棠
诗言志辨 经典常谈	朱自清
话本小说概论（上、下）	胡士莹
司马迁之人格与风格 道教徒的诗人李白及其痛苦	李长之
明清史讲义（上、下）	孟　森
国史要义	柳诒徵
中国南洋交通史	冯承钧
通史新义	何炳松
魏晋清谈思想初论	贺昌群
中国救荒史	邓云特
认识论	张东荪
科学方法论 科学概论	王星拱
中国哲学史大纲	胡　适
知识论（上、下）	金岳霖
法相唯识学	太　虚

中华现代学术名著丛书

《中华现代学术名著丛书》

陈康：论希腊哲学	陈　康
康德的知识学	齐良骥
中国文化的展望	殷海光
中国道教史	傅勤家
监狱学	孙　雄
中国法制史概要	陈顾远
新政治学大纲	邓初民
财政学	何　廉　李　锐
中国之棉纺织业	方显廷
中国田制史	万国鼎
南洋华侨与闽粤社会	陈　达
文化人类学	林惠祥

【第三辑　三十种】

中国小说史略（外一种：汉文学史纲要）	鲁　迅
现代吴语的研究	赵元任
古典新义	闻一多
谈艺录	钱锺书
唐诗综论	林　庚
中古文学史论	王　瑶
中国近三百年学术史（新校本）	梁启超
通鉴胡注表微	陈　垣
隋唐制度渊源略论稿　唐代政治史述论稿	陈寅恪
中国古代社会研究	郭沫若
古史辨自序（上、下）	顾颉刚
安阳	李　济
绿营兵志	罗尔纲
东汉的豪族	杨联陞
佛道散论	蒙文通
中国哲学史（上、下）	冯友兰
艺境	宗白华
西方美学史（上、下）	朱光潜
近代唯心论简释	贺　麟
康德学述	郑　昕
历代刑法考（上、下）	沈家本
中国商事法	刘朗泉
中国近百年政治史	李剑农
中国政治思想史（上、下）	萧公权
中国国民所得（一九三三年）（外一种：国民所得概论）	巫宝三
中国棉纺织史稿	严中平
当代中国社会学	孙本文
乡土中国　生育制度　乡土重建	费孝通
滕固美术史论著三种	滕　固
中国古代服饰研究	沈从文

【英文品种】

A GRAMMAR OF SPOKEN CHINESE 中国话的文法	Yuen Ren Chao 赵元任
MODERN DEMOCRACY IN CHINA 中国民治主义	Mingchien Joshua Bau 鲍明钤
THE GOVERNMENT AND POLITICS OF CHINA 中国的政府与政治	Ch'ien Tuan-sheng 钱端升
THE POST-WAR INDUSTRIALIZATION OF CHINA, INDUSTRIAL CAPITAL IN CHINA 战后中国之工业化　中国之工业资本	H. D. Fong 方显廷
LAW AND SOCIETY IN TRADITIONAL CHINA 中国法律与中国社会	T'ung-Tsu Ch'ü 瞿同祖

商务印书馆 创于1897 The Commercial Press

中华现代学术名著丛书

法律哲学导论

居正 著

商务印书馆
创于1897 The Commercial Press

2012年·北京

图书在版编目(CIP)数据

法律哲学导论/居正著.—北京:商务印书馆,2012
(中华现代学术名著丛书)
ISBN 978-7-100-08887-9

Ⅰ.①法… Ⅱ.①居… Ⅲ.①法哲学—文集 Ⅳ.①D90-53

中国版本图书馆CIP数据核字(2012)第013656号

中华现代学术名著丛书
法律哲学导论
居正 著

商 务 印 书 馆 出 版
(北京王府井大街36号 邮政编码 100710)
商 务 印 书 馆 发 行
北京瑞古冠中印刷厂印刷
ISBN 978-7-100-08887-9

2012年12月第1版 开本 880×1240 1/32
2012年12月北京第1次印刷 印张 4⅝ 插页 2
定价:19.00元

居 正

(1876—1951)

謹提供「中華民國憲法序頌」中華民國三十六年一月廿五日居正手稿以贈北京商務印書館梓行居正撰「法律哲學導論」盛事

居蜜

辛亥百年十月廿六日書於美京華盛頓美國國會圖書館

梅川居士女孫
節倣甲骨文五月
臺靜農為居蜜
篆刻白壽山精品

居正与钟明志伉俪携孙女居蜜游南京中山陵、玄武湖

1947年摄 居蜜 供

居正伉俪携孙女游南京

1947年摄 居蜜 供

出版说明

百年前，张之洞尝劝学曰："世运之明晦，人才之盛衰，其表在政，其里在学。"是时，国势颓危，列强环伺，传统频遭质疑，西学新知亟亟而入。一时间，中西学并立，文史哲分家，经济、政治、社会等新学科勃兴，令国人乱花迷眼。然而，淆乱之中，自有元气淋漓之象。中华现代学术之转型正是完成于这一混沌时期，于切磋琢磨、交锋碰撞中不断前行，涌现了一大批学术名家与经典之作。而学术与思想之新变，亦带动了社会各领域的全面转型，为中华复兴奠定了坚实基础。

时至今日，中华现代学术已走过百余年，其间百家林立、论辩蜂起，沉浮消长瞬息万变，情势之复杂自不待言。温故而知新，述往事而思来者。"中华现代学术名著丛书"之编纂，其意正在于此，冀辨章学术，考镜源流，收纳各学科学派名家名作，以展现中华传统文化之新变，探求中华现代学术之根基。

"中华现代学术名著丛书"收录上自晚清下至20世纪80年代末中国大陆及港澳台地区、海外华人学者的原创学术名著(包括外文著作)，以人文社会科学为主体兼及其他，涵盖文学、历史、哲学、政治、经济、法律和社会学等众多学科。

出版“中华现代学术名著丛书”，为本馆一大夙愿。自1897年始创起，本馆以“昌明教育，开启民智”为己任，有幸首刊了中华现代学术史上诸多开山之著、扛鼎之作；于中华现代学术之建立与变迁而言，既为参与者，也是见证者。作为对前人出版成绩与文化理念的承续，本馆倾力谋划，经学界通人擘画，并得国家出版基金支持，终以此丛书呈现于读者面前。唯望无论多少年，皆能傲立于书架，并希冀其能与“汉译世界学术名著丛书”共相辉映。如此宏愿，难免汲深绠短之忧，诚盼专家学者和广大读者共襄助之。

商务印书馆编辑部

2010年12月

凡　例

一、“中华现代学术名著丛书”收录晚清以迄20世纪80年代末，为中华学人所著，成就斐然、泽被学林之学术著作。入选著作以名著为主，酌量选录名篇合集。

二、入选著作内容、编次一仍其旧，唯各书卷首冠以作者照片、手迹等。卷末附作者学术年表和题解文章，诚邀专家学者撰写而成，意在介绍作者学术成就，著作成书背景、学术价值及版本流变等情况。

三、入选著作率以原刊或作者修订、校阅本为底本，参校他本，正其讹误。前人引书，时有省略更改，倘不失原意，则不以原书文字改动引文；如确需校改，则出脚注说明版本依据，以“编者注”或“校者注”形式说明。

四、作者自有其文字风格，各时代均有其语言习惯，故不按现行用法、写法及表现手法改动原文；原书专名（人名、地名、术语）及译名与今不统一者，亦不作改动。如确系作者笔误、排印舛误、数据计算与外文拼写错误等，则予径改。

五、原书为直（横）排繁体者，除个别特殊情况，均改作横排简体。其中原书无标点或仅有简单断句者，一律改为新式标点,专名号从略。

六、除特殊情况外,原书篇后注移作脚注,双行夹注改为单行夹注。文献著录则从其原貌,稍加统一。

七、原书因年代久远而字迹模糊或纸页残缺者,据所缺字数用"□"表示;字数难以确定者,则用"(下缺)"表示。

目　　录

第一篇　法律哲学导论

第一章　概　　说

一、哲学因求知真理而发生

人为万物之灵，其所追求者，自应为充满正义、自由、和平之社会及世界。然而古往今来，万国并峙。人类相争相研，时而和平，时而战争，时而讴歌盛世，时而兴叹季衰。兴亡陈迹，更仆难数，岂非宇宙无私，人生有惑，法哲思想，未臻普遍健全欤。欧洲自文艺复兴，宗教改革以还，人类思潮，已有丕变，继之工业革命，科学昌盛，人生观点，复异昔时，风声所播，弥漫全球。解决人生之惑，穷物致知之理，此固哲学之一般使命，然导人类于康衢，使规范人类最重要工具之一之法律，日趋光明灿烂，则舍法律哲学，奚将焉属。盖哲学二字，其语源本含有爱求真理之意，实吾人求知不已之总称，故哲学为形而上学，乃钻研探求确乎不动之真理，而超越经验实在之学也。夫人之心灵，罔不有知，天下之事，莫不有理，若于理有未穷，即吾知之有未尽也，致吾之知，穷事之理，且更就已知之理而益穷之，以求至乎其极，使表里精粗靡有遗，豁然贯通而无间，此之谓知之至也，亦即哲学之任务也。

二、中国古代之法哲学思想与欧洲之法哲思想

我国古代法哲思想，导源自古，自唐虞三代以至周末，自伏羲、文王、周公、孔子，以及老、庄、杨、墨，荀子、孟子等学说，何莫非探讨维系人群生活法则之思想人物。例如荀子云，凡事行（正利而为谓之事，正义而为谓之行），有益于理者为之，无益于理者废之，夫是谓之中事。凡知说有益于理者为之，无益于理者舍之，夫是谓之中说。天地之道非君子所顾问，以其无益治乱也。比中而行，一事一说，必求有利于人群，使去乱而从治。荀子之说，实为人群之需要而求治，固已情见乎词矣。惟自儒家学说昌盛以后，法哲思想，遂归纳于道德意义的宇宙，又以宇宙的秩序与人俱存。故云天生烝民，有物有责。大学八目，前五目是求个人生活合于道德秩序，后三目是求社会生活合于道德秩序。故其所云之修齐治平，无非求个人生活、社会生活合于道德秩序而以天下归仁为极则，此种以实现道德目的之法哲思想，数千年以来，遂孕育成为中华民族所崇信之最高价值。厥维道德价值，彼之本体为至善，证以“大学之道，在明明德，在新民，在止于至善”，以及“人心危微，道心危微，①惟精惟一，允执厥中”之薪传，何莫非由此观点出发，虽其论衡方式不同，但亦自成一贯之体系。且儒家之所谓仁义，与欧洲法哲学家所谓正义，用语虽殊，究其内涵，则又有殊途同归之意味也。

欧洲自希腊哲人倡始哲学以还，治法律哲学者接踵相望，派别

① 《尚书·大禹谟》原文为“人心惟危，道心惟微”，此处引用有误。——编校者注

之繁，议论之多，令人迷离摸索，不胜枚举。骤观之，俱有所是，细审之，则各得一体，正如释迦牟尼佛与盲人论象之故事相同。其间能把握人类之心灵，揭发宇宙之秘密，示人类思考之正轨者，固不乏人，但过于偏执，失于诡辩之蹊径者，所在多有；披沙拣金，继往开来，斯固后起学者之责也。然而无论为何种派别之法律哲学，自然法哲派与历史法哲派，实践法哲派与理论法哲派，比较法哲派与批评法哲派，立论基础，虽各有特异之点，但其钻研之对象，在就规范人类法律之本质及其真实价值，而求其极则，则无不同。例如欧洲最早之法律哲学家妥马斯，即曾谓法律乃为满足人的功用及人的欲望而存在。又如罗马法学家乌耳彭，亦谓法律乃令人尽自己义务之一种常恒不断处分。此皆表示法律具有道德力，且为道德的价值，德学者怀克氏更谓法律为道德之产品。是则中西法哲思想，固亦无重大悬殊。

三、法律哲学在指示现在或未来法律应寻之途辙

夫如是则法哲之内涵可得言矣，即法律哲学，正以过去或现在之一切法律，未能尽合于人类所应追求之理想，吾人为追求理想之实现，故不断予以思维，多面探求。故法律哲学之内涵，并非准备对于成定法之承认，而系就历史上昭示之事实，指示人类对于现代或未来法律方面应寻之途辙。法哲学之思想家，即瞻顾此类事实，深考其奥窍，而为激浊扬清，阐明真理，俾人类之法律秩序更加进步。例如柏卡里阿提倡人道主义而有刑法之改正，胡戈格罗邱斯为使国际关系在平时及战时有一定规范可寻，而有平时及战时国际法之确立，即其显著之事例也。惟是吾人之所谓法律，毕竟为人

类之产物，即法律为人类而存在，亦为社会而存在，因人之生活不能脱离社会，故欧洲古代成语有“有社会即有法”，此语乃强调法与社会之关系。吾人亦可言，有法即有社会，更可言，无社会即无法，而社会之构成，以及国家之组织，乃至国际关系之确立，则又纯为利己与利他之结合。故利己的自利心与伦理的爱他心，实为构成社会组织国家、确立国际关系之动力；利己利他间之调节平衡，又为维系社会国家国际生活之枢纽，此枢纽为何，即法是也。法律与人类社会，既不可须臾离，且无论其人类为文明或野蛮，亦不问其为何种肤色人种，咸均有其赖以维持生活秩序之法则，故如文化低落之爱斯基摩人亦有其社会组织之法度，此项法度在彼等之社会，亦无异于法律也。然而古往今来，过去与现代之法律，不特因时代之不同而异，且更因历史背景而有殊，环宇之类，各国各种之法律多矣，兹欲于千差万别之中，就性质悬殊之法律，求其最终之极则，获一正确之基本观念，使之放乎四海而悉中，准诸万法而不违，衡于百事而悉当（即所谓普遍妥当），此又法律哲学之使命也。盖法律之本质，法律之目的，法律之方法，亦理论法律哲学之基本问题也。

四、法律哲学与其他学问之牵联

世间一切学问与认识，均有不可分之关系。所谓认识，不特与心理学发生牵联，且与社会学、经济学及政治学等，亦莫不有密切之关系也。譬如关于哲学上思维之体系，心理学的理论与法律学的理论之间，常有并行之关联情事，而正邪之识别，亦仅能于吾人心理方面始得其论据。至于法律哲学与社会学之关系，则更深切，盖社会学乃讨论社会诸般现象之学问，而法律哲学则又系研讨现象理论之学问，换言之，乃研究法律之论理概念，及决定法律理想之学问也。然欲达此鹄的，不仅与社会学发生关系，即为已足，且更与政治学、经济学方面，亦发生同样之联系。因经济上之形态常影响及于法律之形态，且法律之形态更可决定经济上之形态，而法律哲学对此两者间之形态，实具有指导及促进之作用也。至政治上之立法、司法、行政诸种活动，以及我国于一般政治学上之三权活动以外，国父孙中山先生创导之五权并行活动，亦莫不与法律哲学有关。诚以无论为三权或五权之政治组织，若欲使之运用不失其均衡原理，合理地保持其制衡作用，俾其相互间连接运用，发挥整个国权活动之功能，如日月经天，众星运轨，不失其序，亦必有赖于法律哲学之指导。再如过去之《国际联盟规约》，以及现在《联合国宪章》中之原则及目标，无非希望在国际关系上建立国际伦理规律的基本形式（杜鲁门语），此种国际伦理，微法律哲学作之指针，亦难期畅顺无阻也。盖社会学、政治学、经济学以及《联合国宪章》充其极不过认识经验的真理，而法律哲学则在认识合理之真理。经验之真理，常引起吾人之怀疑；合理之真理，则增强吾人之信赖也。从可知法律哲学在其最进步之意义上，并非墨守陈规，局促一隅，在其牵联关系上，实与整个人类文化史、宇宙观、人生观上均有微妙之连带作用也。

第二章　法律哲学之概念及其思辨

一、法律哲学之概念

法律哲学之概念，乃指示一种对象，藉以探求法律之理想，及其真实价值，并从此以求法律之一般妥当性。

法律哲学之对象，既为阐明法律理想，法律之真实价值，故法律哲学非如一般法学，就既存之法律而为探讨，而系就理想可能方面考察法律之绝对价值。试以哲学的价值与经验的价值二者间之观察方法，迥不相同。经验价值论者，乃以经验之实在，为唯一的实在，从而仅认可经验的法律实在而已；反之哲学则由实在的绝对价值内容而观察实在，而非由于经验的事实内容而观察经验，换言之，并非对于已存在者而为探讨，乃对于可存在而为探讨也。故法律哲学乃穷究法律之绝对意义，于现行法外探究法律价值与其它众多之价值关系为目的，藉使法律之价值愈加显著，法律之理想，愈益崇高，法律之普遍妥当性、正确性，愈增显明。

原来理想及经验系两回事，而事实上，或运用上，常发生交流作用，即经验可产生理想，而理想亦可指导经验也。

基于上述概念，可知法律哲学与普通之法律学，其研究对象，截然不同：即一般法律学，乃仅就各种现行法律分门别类为钻研之对象；而法律哲学，则以认识法律本质、法律理想为对象。盖法之认识基础中，含有多种之问题，即法之本质及目的、方法若何，设昧于此等认识，则难了然于现行法律，亦不过于白纸黑字之法条有部分理论认识而已，究未认识法律为何物也。由此等不加哲学思考而相成法律理论，非仅有冥行擿埴、盲人瞎马之讥，且贻害于人群亦复不浅。设若吾人思考透过法律现象以追求其泉源，运用哲学上的思考，组成完备之理论，庶能指导规范人类之法律于康衢，法律哲学亦即因此而存在也。不特此耳，任何种类之现行法律，其形成势必受其国民文化之影响，若仅以文化现象知识而认识法律，则其认识为不充分，故必须就法律之评价、法律之理想为总括之认识。庶此种认识，乃能于将来法律之进步，具有最高之指导力量也。

所谓法律之理想，当然有别于玄想，故法律哲学所讨论者，非乌托邦，而系人世可能实现之理论也。惟所谓法律，古往今来，议论多矣，古代自然法哲学派误认天壤间别有完全无疵之理性法存在，且信由抽象的价值体系可产生亘古不变之法，不特忽视历史及时代之关系，而且忽视法律之拘束性，更不知法律实渊源潜伏于人类团体之权威也。故自然法哲派之说，不能认为中鹄，在欧洲法哲思想中，其见解较近实际者，厥惟柯勒氏之说。彼认为“法律即秩序，故其步趋须与文化潮流配合，法律又如文化，因时间空间有差异，而且必须因应时代文化之要求，夫如是法律方能促进文化而不阻碍文化，故世间亦无永久不变之法”（参照柯勒氏著《法律哲学》第二版，第 11 页以下）。据此以论，则法律之理想可得而言矣，即（一）一国之法律必须与其国历史风俗配合，（二）须可反映其国人民之生活状态，（三）须适合其国人民政治上社会上之要求（参照拙著《为什么要重建中国法系》一书 88 页）。

我国为三民主义民有、民治、民享之民主国，载在宪典，国人服膺。而三民主义纵的方面，继承尧舜禹汤文武以来先圣先贤一脉相传的道统，横的方面，博采世界群哲的学说；是则在我国今日之情形下，自应以三民主义为法哲思想之最高理想，实亦无疑之事。缘其内涵，中正和平，精深博大，且网罗人类生存幸福之泉源也。或谓以立国主义，羼入法哲思想，殊觉不伦者，殆亦未明法律理想之涵义也。诚以理想之意义，不外人类活动趋赴之目标，三民主义，孕育我国固有文化，兼蓄西方良模，既为国人所崇信，亦即为国人所共趋赴之鹄的，以之作为法哲学之最高理想，讵复足异。不特此也，欧洲法哲学家，常以正义为法哲之理想，所谓正义依亚里士多德之说，乃道德中之理念；正义本身，更区别为分配正义与回复正义，且为之定义云，“正义即中庸，故任何人不得要求多于与自己相当者，亦不得少于自己相当者”。此正义之观念，又与我儒家仁义之涵义无殊，且亦不出孙中山先生遗教之范围，兹以其主义为法哲思想，有何不可。抑有进者，人类同此圆颅方趾，此心同，此理同，其求正义自由和平繁荣之愿望，亦无不同。三民主义之内容，实含有正义、自由、和平、繁荣之各种条件，与《大西洋宪章》所宣示者，亦相契合，是此主义不仅为我国人所景崇而应以之为法哲之理想，世界其它民族，若了然此主义之真谛，亦当共认之为法哲学之理想也。近代科学进步之结果，及原子说之成功，自然科学已登峰造极。然而科学究竟不能解决一切，柏格森分本能与智慧为善恶之直觉主义，及重行轻知、反抗理性之哲学，以及培根所创知识即权力之说，究无补于现代及未来人类之困厄，必赖此中正和平三民主义之法哲理想，始能导人类于康衢，而不致趋于极端，否则尼采之权利哲学，将抬头于今世也。

二、法律为文化之一环

惟是法律乃文化之一环，而所谓文化，就极简单之意义言，乃人类向正确方面一切活动之总称。而文化本身，又可分为物质文化与精神文化两类。前者乃人类由自然界吸收生活资料，发掘天壤间之环宝加以技术使之成为物质文化，藉以满足人类之需要并促进其繁荣；后者乃使人类之活动，共同一致互相调节成为组织化，规律化，此即所谓规范。法律即系规范人类外表之行为者也。惟法律并非有形体之表现，可谓视之无形，听之无声，乃一纯粹人类意思方面产生之规律，而与物质文化完全殊异，故以之属于精神文化。但吾人不可认此二者绝对毫无关系，须知物质文化之消长，有时影响及于精神文化；而精神文化之兴衰，更可测验物质文化之充沛与疲惫，因吾人所谓法律关系，逻辑上多含有生产关系也。是以衡量文化之高低，物质文化，固属重要，精神文化更系测量之正确尺度，法律亦系此工具之一。

三、唯物史观之缺陷①

惟于兹特应论列者，即马克斯及其他唯物史观之说，有一种共同思想，即认为人类生活为物质的，社会一切活动，均与经济有关，社会经济组织，无异社会生活之法律准绳。此说演变之结果，遂形成今世上之共产主义。不知此等唯物史观之见解，在历史上并无

① 为保持史料完整，予以完整保留，希读者批判地阅读。

充分根据，且不能网罗人类之一切活动。譬如十字军东征，固亦人类之活动，但其动机纯为宗教原因，实与经济问题毫无关系，可知马克斯及其它唯物史观学者之主张，仅系窥见人类生活之局部动态，并未认识人类生活之全部情形，更未认识精神文化为何物也。即就其关于经济社会化之主张，虽可认为正确，且为一般国家所采行，但究不如孙中山先生所主张之节制资本、平均地权，具有网罗万象、握要扼枢之作用也。

不特此耳，马克斯之唯物史观，对于资本主义之生产方法特别有所描写，藉此以充实其立论根据，并就其倡导之价值说，对于私人所有权以及生产方法，劳资契约，交易行为所批评论列。究其实际，此种现象，充其极亦不过人类文化之一部分，设认此为人类整个文化之中心，则谬误实甚。盖由哲学上之眼光观之，所谓马克斯之价值说，忽略现象方面，而系条件的认识之状态也。夫人类之社会生活，并不能以政治性之经济眼光笼罩一切，马克斯之价值学说，特重此点，故遗害实深也。

四、规范之效用

人类为营共同生活，发展方向不一其揆，如婚姻、父子、亲属、种族等项之血统关系，自生产消费之经济关系，与夫国家生活乃至国际生活之维系关系，虽经纬万端，莫可究诘，但握要扼枢，胥赖规范维系此共同生活，更赖规范指导调节统制人类之行动。人类为达成自由和平之共同生活起见，势须遵行此规范，因此规范乃人类意思结合之结果，其作用乃示个人及团体行动之一定方向，必如是人类生活乃能组织化，规律化。于是法律秩序、习惯、礼仪、宗教戒律、道德正义等遂成为人类之义务，其违背此义务者，或则发生法律上之制裁，或则招致社会上之非难，或则引起国际间之谴责。故规范之效用，实具有相应之拘束力，而此拘束力之发生，一方面固为达成共同生活目的之牺牲及礼让，另一方面，亦为尊重他人之行为或人类公认之行为。至何故有如是现象，要亦不外乎人类理性美德之表现，共同生活思想之爱护，藉以达成文化上之最高水准，故使人于其行为或不行为之时，知有受承认或否认、受制裁或褒奖之感觉，庶平衡正义乃可得期也。

五、实在现象与价值判断

人类生活之一切活动，均为实在的，（饥）食渴饮无论矣，即发展经济，崇尚道德，信仰宗教，遵守法规以及各种各类之文化活动，形形色色，不胜枚举。再如灾难饥馑，斗争战祸，贪婪诈伪，违法背理以及其它各种各式之恶行，亦莫非人类社会之产物。美与媸、正与邪之实在现象，循环交织，积年累月之结果，遂成历史上社会上之实在世界。基是以论，人类各种之实在状态，因其影响于人类社会生活甚巨，人类对之势不得不特殊关心。故人类之行为或不行为之结果，人类不断予以评价，其评价之出发点，或根据经济立场，或根据道德观点，或根据政治见解，或根据宗教信条，以及其它各种各类之感觉，对于实际现象评论其得失，判断其是非。诚以人类毕竟为万物之灵，虽有不知不觉之人与后知后觉之人，但亦有先知先觉之人，基于人类灵感，对各种实际现象自然予以评价，凡福利于人群者，维持之或创设之，其有害于人群者，消灭之或禁止之。人类文化，即藉此价值判断之功能而继长增高，人类生活亦蒙其麻焉。不特此也,人类对于生活上各种之实在现象,不仅予以价值判断为已足,且更进而为理论之认识,无论为实际之观察或理论之认识,其以人之意识或行动为对象则一也。法律哲学之对象,虽在阐明法律之理想及法律之真价值,使之具有普遍妥当正确性,但因其所探求者既与人类社会有关,自亦仍不失为人类哲学之性质也。

六、法律规范之价值衡量

社会状态或人类行动,可分别为有利人群者与不利人群者。其利于人群者,人类保持之遂演变而为各种之规范。此种规范固常因情势变迁或时代递嬗而变更,但无论如何,规范与人类生存有不可须臾离之意义,则古今中外,理无或殊也。规范一方面普遍维持人类之秩序,另一方面更与国家的权力相结合而形成时,即成为法律;设更超国家的权力而相结合时,即成为国际法,或近时之《联合国宪章》。若然则法律与人类生活,可以二语概括尽之,即法律为人类而生,人类亦赖法律而存。是以吾人在公私生活方面,或团体生活方面,微法则无从生存。诚以人类积极建设之活动,需要安宁之秩序,设无维持秩序之法律,则经济、艺术、宗教、道德以及各种文化,均无从发展也。不特此耳,人类之生活,不仅墨守成法而已,为使表示人类有价值意思客观规定之法律完全正确实现起见,故对于任何法律,于其实施之过程中,均不断加以衡量,考察其得失,就其罅漏之点,予以改正,若背于时代潮流,或与人类之愿望不相符时,则予以废止或创制合于时代之新法。总之,法律原非一成不变之具,其因政治制度、经济组织而异其形态之事,古今中外,不胜枚举。然而无论如何演变,其根本动机仍无非使法律发展其本身之价值，而法律本身所具之价值，除为明是非、辨善恶、促经济发展、维社会安全外，更进而有判别法律本身当否之使命。故吾人对于现在已有之法律，常加思维，予以评价而考虑其应有之法律，追本溯源，求其至高无上、普遍妥当之原理，使法律根本价值、最终准绳得以确立，此即法律哲学之任务也。

七、法律规范非自然法则

法律规范非自然法则，故非表示存在，亦非表示存在之因果关系，乃表示与自然法则不同之关系。法律规范既非表示原因结果关系之自然法则，故法律上制约或制约之结合关系与自然法则制约及制约之结果关系，完全不同。譬诸水力冲动之结果，可利用以发电，此自然法则也；窃盗应受处罚，此法律规范之事也。然窃盗窃取他人财物之结果，若未就逮或因其他原因，无从处罚之时，法律固仍存在也；反之自然法则若无结果之时，则自然法则即不存在矣。从可知自然法则，乃说明存在之事物，确定现存之关系，而法律规范乃创造新之事物，使人为一定行为或不行为为任务也。惟为此创造时，则须思考其过程，以求其“真”，就人类之性情行动方面以求其“善”，就创作之目标调和方面以求其“美”，庶几法律理想之目的乃可实现也。

八、法律哲学上之思维法则

观察宇宙间人世变化之各种现象，更进而透视法律现象，自有赖于人类之思想力，故人类之思想力，实为万法之源，禽兽无思想力，故亦无所谓法。夫如是则法哲学上之思维法则，关系重矣。思维形式之最普遍者，莫若有与应有意义之辨别，亦即存在与当为之区分也。有者存在之谓，应有者当为之谓，如对某事物主张为有，同时对于该事物亦可云应有，此二种意义则迥不相同。纵有不能即谓为应有，有而实非应有之情形，世间不乏其例；而应有亦不能即谓之为有，故应有而非有之情形，世间亦复不少；尽许应有，但可云过去不曾有，现在亦无有。此种思维法则，恰如昔佛门尊者舍利佛至释迦牟尼前白言，“我于世尊，有如是信，若沙门，若婆罗门中，犹较世尊，更为大知，谓如正觉者，昔未曾有，今亦无有”之情形相同。法哲之思维法则，乃在明了法律本质，于现有法律之外，思维应有之法律。有与应有，乃对立之思维形式，法律哲学所探求者，系在应有一方面，亦即前述之法律理想及其真实价值。其所希冀者，乃现在应有，将来亦应有，换言之，亦即现在当为，将来亦当为者也。

第三章　生存观念与自由、和平、正义

一、生存观念之发生

人类在追求自由与生存发展中，经验错综复杂，往往历一坎坷，增一智慧，遭一患难，增一聪明，渐渐由矛盾中求得调协，从纷乱中获得方寸，由此灵性之启示，明了生命的泉源，遂有生存观念之发生。关于灵性，吾人不可不特为辨识者，即栋梁之材，其始成于秧苗，故栋梁之木实由秧苗而形成；灵性之于躯体则异是，诚以灵性固无形体之表现也。哲学上所云生存之观念，乃包括躯体及灵性二者而言，亦必由此二者之结合，然后生存观念乃始得而想象；人类为求充实并保此生存观念，遂有自由、和平、正义之追求。因此数者，不仅在人类生活上，发生调节和谐美善等作用，而且为人类所迫切需要且不断努力以求实现者也。

二、自由之内涵

所谓自由当然与意思有关，欲得其证实，应从物理及心理上说明。譬如吾人对于九鼎之物，则知其重，是由于吾人之意思衡量及于物也，设无此衡量之意思，则九鼎虽重，固与吾人之意思无关。自由之于意思亦复如是，意思而无自由，殆成为空洞之名词，故自由仅能视为意思真实主体，始能完成真正之自由。或问意思与思想又何以区别乎，一言以蔽之，思想乃灵性之所寄。人类之所以异于禽兽，在于思想之有无，但吾人不可误解为人类一方面有思想，一方面有意思，而将此二者划若鸿沟也。诚以意思也，思想也，均为精神上之感应作用，其分别仅在理论上或事实上予以判别。详言之，思想在某种情况之下，亦可称为意思，且在人类生活上，亦可视作愿望也。总之，意思为吾人内心决定，即吾人所欲者而以之为对象，希冀其实现者也。禽兽纯为冲动刺激所支配，彼虽亦有内心之决定，但无所谓思想，因禽兽不能想象，何者为其所应为，何者不应为也。

意思之自由，能从许多经验及心理方面，就各种情事而为表现。譬如忏悔、自责，以及宗教家对于其意思自为限制，与夫吾人在团体生活中，对于规律之绝对遵守，自己就意思而自为约束。此种情形，惟有从自由意思始可以说明。要之，自由意思，就实际观察，纯系精神上之状态，而其中又包括有自觉之意义也。

单就意思而言，其内容又可分为绝对的自由意思与相对的自由意思，在人类的生活方面，均包括此两种。但无论为绝对的自由意思或相对的自由意思，惟有人类始可以语此，禽兽则不然。譬如人类为贯彻其自由意思，往往不惜牺牲一切以求之，甚而牺牲其生命，又人类于忏悔绝望之余，常有自杀情形，禽兽则无自杀之事也。

人类之自由意思，其内涵具有自约性、向上性、利己性、利他性。而利己性极度发挥之结果，必至为害人群生活，人类自有史以来，相争相斫，（欺）强凌弱，□众暴寡，以致社会发生混乱引起战争，何莫非利己之自由意思，发挥极度有以致之。然而人类毕竟为万物之灵，其性灵中富有利他性及自约性等，故能从原始社会，进展而为文明社会。我国孟子性善、荀子性恶之说，王阳明致良知之论，及基督教谓人性本恶之说，那观察点虽各有不同，但就主观之自由意思而为判断，且积极谋所以充实补救之道，藉使此自由意思向人群有利方面发展则一也。

要之人类利己性之克服，与利他性之并存，实为人类社会进步之基础。然而此种状态之存在，必须赖国家权力之支持，始克持久。又利己、利他之自由意思，亦可适用于国家之间，凡一国家与民族，充分发挥利己自由之结果，必有害于其它国家其它民族之生存。欲避免此种状态，自必有类于国家民族自约性及利他性之补救，故国际法及近来《联合国宪章》亦为由此意义而发生也。

三、和平之真谛

和平为生物界现象界所必需，和平之反面为暴力或战争。和平可充实并满足人类生存愿望，暴力或战争能毁灭生物界现象界，使人类生存愿望根本摧折。寰宇之内，含齿戴发之伦，其内心终极跂求，均为和平，法律规范之终极目的，亦为和平。然而和平非可侥幸而致也，国父孙中山先生临终有和平奋斗之语，此一代哲人，深知和平非易而必继之以奋斗，始克有济。诚以和平之后盾须有权力之支持，始能维持于不敝，昔俾斯麦克为维持其国家民族之生存，曾有名言曰："普鲁（士）军队必须强大，并随时准备，因现代重要问题之解决，并非由于谈判或议决，而系由于铁与血"。其言虽不免过激，但亦有其至理，因人类之共同生活，其思想并非完全一致，尤其依近代契约法则之结果，人类立于国权之下（如取得国籍、丧失国籍）或国家立于国际之林，接受一定约束，均系基于自由意思，设其自由意思有所转变时，即解除其相应之限制。但法律规范所要求者，则与此相反，即人类或国际生活之自行检束并无任何空间、时间之限制。设人类之行为或国家之行动逾越一定范围，则视其情形之轻重、危害之广狭，由国家之权力或国际间之结合权力予以排除，有时即系俾斯麦克氏所云铁与血之解决也。此种国家之权力或国际间结合之权力，乃系法律之力。故权力与法律实系彼此相互为用，即权力无法律不能存在，法律无权力亦无法实施，故和平之支持者为法，而法之支持者又为权力也。

夫和平之真谛，系于人类法律的意欲之结合，即人类大多数均有和平之共同愿望，和平始有可能。而所谓和平之共同愿望，又必以人类所希冀之目的及其所择手段不相悬殊始能实现。设若一部分人希冀之目的与其它部分人类所希冀者,迥不相侔,并以暴力手段以求逞之时,则无和平可言。譬如马克斯、恩格耳斯所主张之国家机构破坏与无产阶级专政,甚而主张国家无用,以及不承认文化生命等类之谬说,为×××所奉行者,凡有国家民族思想之人类,均一致予以否认,或不惜诉诸武力以排除之,藉求国家民族之安全、人类文化之完整。① 从可知人类欲赢得永久和平,自须先求人类法律的意欲结合;而结合之前提,则又在否认有害人类之邪说,摧毁人类之暴力手段,始能维系和平之永久也。

四、正义之辨解

正义与聪明常处于对敌状态,欲使之调和无间,并连结而为一,殆不可能。正义之反面为肆行,包括放僻邪逸、丧天害理之各种恶行,在普通社会,视为不法,在国际团体,则视为侵略。谚言所谓“天不生,地不载”,均所以表示对于背于正义之行径深恶痛绝者也。

关于正义,远在纪元前155年,希腊之使者至罗马不断为正义宣传,有名卡朗德士者,曾有关系正义之演讲,考其内容胎源于百拉图氏最高道德,包括人类之三种美德即:(一)明辩;(二)勇敢;(三)睿智。此为百拉图理想国家最幸福之泉源。亚里斯多德更就正义而为分配,此项分配正义,系就人类财富与政治权利就各种价值予与适当之调节。此种思想,对于当时武功甚盛之罗马人自亦

① 此片言,读者应予批判阅读!

有意义，即在罗马当时，亦受此说之影响不少。其后卡朗德士更就正义为深切之说明，其意谓正义虽为人类所欢迎，但是否完满实现，则殊不敢必。大而言之，国家之行动是否合于正义，小而言之，法院之判决，能否依照正义，吾人均不能为之确切担保。诚以真实与虚伪，有时混淆不清，而明确之界限，亦不易区别。譬如国家颁行法律，仅就于国家立场方面有利者为之，究竟是否合于正义之目的，亦有问题。寰宇之内国家多矣，各国颁行之法律亦多矣，时代之变迁，人类愿望之转变，从古迄今并无任何国家任何民族，保有自始至终之法律者，足证法律并非绝对合于正义。设若法律真能合于正义，自不致今是而昨非，或昨是而今非也。强大之民族如当时之罗马人，其所以强盛者，或正由其行动违背正义而成，因为人类由于合于正义之行动而不利，反不若背正义之行动而有利也。此种关于正义之辩论，在罗马当时，虽曾遭受有力之反对，但迄今研究哲学者，尚喜引证其言。吾国古代《商君书》"更法篇"亦云，"圣人苟可以强国，不法其故，苟可以利民，不循其礼。三代不同礼而王，五霸不同法而霸。故智者作法而愚者制焉，贤者更礼而不肖拘焉。"又云，"前世不同教，何古之法，帝王不相复，何礼之循。治世不一道，便国不法古。汤武之王也，不修古而兴，殷夏之灭也，不易礼而亡。然则反古者未必可非，循礼者未足多是也。"此与希腊人卡朗德士之说正复东西遥遥相应，斯二人者，用语虽殊，而其内涵则无不同，可见古代法律哲学家对于争议之见解，实无确定不移之论衡也。降至近代，更有寒巴丁卜朗特对于正义有较切近之解说曰："有正义在握者，其权力恒久"。此亦与孟子以仁义王天下之说，颇相接近。其后康德氏亦云，"若正义灭亡，则人生于世界亦无价值"，则又强调正义与人类生存，更有不可分之关系矣。

要之，正义之为物，仍不能不于法律中求之，盖正义之保护仍有赖于法律也。法律无论为良法或恶法，对于正义罔不予以维持，虽其维持之限度，有精密或粗疏之分，但与正义极端背驰者，古今中外，固不能谓为绝无，但衡量之，此究少于彼也。抑更有进者，正义之为用，不特含有中庸性，而且含有绝对性。无论个人或国家，若无视此正义，则必遭致不测之恶果；固无论矣，即强盛之国，或有权威之君，亦必立于此正义之下，始足以表现正义也。德谚有云："正义我所要，毒物枪炮我不晓，贫穷富贵我不见，帝王奶油等量好。"此种谚语，实亦有其深切之意味。

惟是正义一语，吾人若更彻底思考，除如上述应于法律中求之外，尚有法律的意欲与人类意欲相结合凝成为一之情形，必此二者诉合无间之结果，正义之力始更伟大。设或多数人类所意愿者超过法律规定时，必致法律之规定，失其作用。诚以凡人均有所欲，欲则不能无求，其求而为众人之所欲，其中即含有正义源流。孟子所谓民之所好好之，民之所恶恶之，亦即指此情况而言。惟于兹有一问题，即人欲多矣，人类众矣，既无人敢言一人之欲即众人之欲，故少数人之所欲不能视为众人之所欲，并以之为判别正义尺度之标准也。准是以论，则哲学上所谓正义云者，乃人类社会或国际团体生活意欲所向往之正确方向，藉以达到人类共同繁荣生存之理想者也。从而更可了然正义之思想，实为人类正确的意欲之结合表现，此种表现，不仅为人类社会或国际团体之现在生存繁荣，更且为后代人类及国际团体未来生活上实具有更深刻之重大影响也。世界人类史实，正义之黯淡消灭或光辉存在，不仅有关国内之治乱，且亦系国际之和平与战争也。

法律哲学所探求者法律之真正价值，此价值为何，即正义是也。然而如何可使此正义发挥光大，照耀人寰，则又有赖于吾人思想之进步，如是则吾人不应仅认识过去有关正义之史实即为满足，更应就现时或将来可发生之问题，鞭辟近里，彻底地本于哲学上之思考予以指导，庶几正义不致为邪恶者所劫夺也。*

* 原载《中华法学杂志》第七卷第五期（总第 65 号），大东书局 1948 年 5 月出版。

第二篇　司法党化问题

一

“司法党化”一个新名词出世以后，有些人便色然喜像是得到了奇货一般，有些人却又蹙然忧像是危险世界将要到来，露出不可终日的样子。其实都是大惊小怪。

在“以党治国”一个大原则统治着的国家，“司法党化”应该视作“家常便饭”。在那里一切政治制度都应该党化。特别是在训政时期，新社会思想尚待扶植，而旧思想却反动堪虞，如果不把一切政治制度都党化了，便无异自己解除武装任敌人袭击。何况司法是国家生存之保障、社会秩序之前卫，如果不把它党化了，换言之，如果尚容许旧社会意识偷藏潜伏于自己司法系统当中，那就无异容许敌方遣派的奸细加入自己卫队的营幕里。这是何等一个自杀政策！

“司法党化”是不成问题的。所成为问题的就是——如何才叫做“司法党化”。

把几个司法系统的高级长官都给党人做了。这可以算是“司法党化”么？

或者把一切司法官限制都取消了，凡党员都可以做司法官；把一切法律都取消了，任党员的司法官拿自己的意思武断一切。这可以算是“司法党化”么？

现在一般人所以听到“司法党化”四个字便会生出忧喜之情的，恐怕不免由于以上的误解罢。

如果照后一种办法算是“司法党化”，那末试观苏联，一个司法党化的典型国家，在1922年以前曾经这样干过了。为什么1922年“司法改革”以后，要制定许多严密的法律，要规定民众法院中固定法官之必要的资格，而对人民陪审官也加紧特别夜课之训练呢？

如果前一种办法算是司法党化，那末封建余孽正中下怀。他们把大官让你们做，自己却躲在下层干部里面借尸还魂，自不难把一切封建意识复活于种种裁判之上。这样不是我们革封建社会之命，却是封建残余革我们之命了。

依我们的见解，司法党化必须包含以下两个意义：

（一）司法干部人员一律党化——主观方面。

（二）适用法律之际必须注意于党义之运用——客观方面。

现在把这两个原则说明一下。

二

所谓司法干部人员就是指各级法院之推检而言。因为只有他们是实际适用法律之人，只有他们是真正的法律实务家（在政府方面），只有他们的行动与态度直接影响人民之利害与疾苦。其他司法院与司法行政部的人员及不兼推事之法院院长，他们与法律实务或法律适用都离开很远。虽然他们的行动与态度也可以影响于人民之利益与疾苦，但多是间接的，人民对于他们的认识决不如司法官之亲切。不过他们在物质的待遇上往往比较司法官优得多，而司法官事务却比他们所任繁剧。如果党人只把那些事闲俸厚的肥差给自已拣了，把这些事繁俸薄的苦差——推检——让与别人，那就不免“买椟还珠”之诮了。如果这样要说是司法党化，实是南辕北辙，愈走愈远。所以说，司法党化必须注重司法官党化。至于司法行政人员及司法系统机关长官之党化，还属次要问题。

所谓司法干部人员一律党化，并不是说一切司法官非党人做不可。反之，把所有司法官位置全分配了给持有党证之人，如果他们对于党义——特别是拿党义应用到法律适用方面去——没有充分的了解时，也不能算是司法党化。司法党化应该是把一切司法官都从那明了而且笃行党义的人民中选任出来。不一定要他们都有国民党的党证，却要他们都有三民主义的社会意识。质言之，司法党化并不是司法“党人化”，乃是司法“党义化”。

这有一层，从主观方面实行司法党化，必须采用人民陪审制度。人民陪审骤观之似乎与党化不相干。然为贯彻民权主义起见，只有行陪审制度，而后可以使司法与民意打成一片，使民间的正义观念直接构成国家之正义观念。否则，人民认为是，而国家反认为非，人民以为无罪，而国家反认为有罪。国家意识与人民意识竟成反对。还成什么民权主义呢？像二十一年（1932 年）郑继成刺杀张宗昌一案，全山东省人民①皆称郑忠孝为国锄奸大快人心，而济南地方法院却判处有期徒刑七年、褫夺公权七年。这是在采

① 当时通电请赦者，有山东、江西、天津等省市党部及山东各县党部、各民众团体，及历城县全县民众代表杨铭曾等。

用陪审制度国家不会发生的现象。意大利近施行法西斯之司法制度，极力集中权力于政府，还继续采用陪审制度不废。司法部长罗科（Rocco）且为之解说，以为审理重罪案件不能够先按照法理判断，必须观察民众对于本案反应之心理而权衡处置。[1] 别的厉行民权主义的国家更不消说了。

再从别的一方面看，我们如果想把三民主义迅速地深入民间，使三民主义的世界观、人生观迅速地成为全国人民共同一致之信仰，更应该采用陪审制度作为一个最好训练方法。因为法律适用就是正义的宣布。[2] 如果法律成为一种职业的秘密，像向来的情形，则法院所主持之正义与由此正义所构成的世界观与人生观，将为人民所不解。人民拿这种法院所主持而他们自己所不了解的正义与世界观，同他们自己积渐形成的正义观念与世界观比对起来，一定要发生疑问。如果这法院号称代表三民主义的国家时候，那就更危险了。他们一定因此而疑惑三民主义与他们的生活内容不能适合。像刚才所举郑继成案之例，人民的世界观是——“忠孝之行为不能认为有罪”，法院之世界观是——“豫谋杀人应该处罚”。人民之世界观是——“张宗昌罪恶盈贯人人得而诛之”，[3]法院之世界观是“张宗昌之生命也是国民政府法律保证下之法益”。两个世界观针锋相对。如果不加深究，就恍惚三民主义之正义观念，与人

---

① Rocco，La nuova Cotte d' Assise.

② 罗马法圣人 Ulyianus 说过：“法律学是正义与不正的学问。”后来的人讲及法律也总不能与正义 justice 分离。Stammler 主张“正法”das richtige Recht 为法学之最高目的。

③ 历城县全县民众代表杨铭曾等通电云：“郑继成之杀张宗昌，为国锄恶，替叔报仇，于国为忠，于私为孝……张之死于郑也，亦乃恶贯满盈，罪无可赦……况张宗昌通缉之令未撤，则人人得而诛之耶！”

民之正义观念正在厮杀冲突似的。那岂不危险之至！假如采行陪审制度使人民得参与审判，人民得与深明党义的法官共同为正义之推敲，一方法官固得藉人民心理反应之刺激留心党义之运用，他方亦得藉党义之运用矫正人民之错误心理，而把他们迅速地引导到纯正的三民主义的世界观去。[①] 使党的世界观经由这个途径而成为人民普通不疑的世界观，这实在是奠安党国最重要的一着。"以力服人者霸；以德行仁者王"。总理是主张行王道之文化的。所以我们与其以刑罚强人民服从党义，不如以陪审制度诱导人民心悦诚服地信仰三民主义。近来德国国社党盛倡"法入民间"之谕，要打破法律之职业的秘密倾向，要把人民与法律重新撮合于一处。[②] 这是很值得我们注意的。依我看来，陪审制度实在是"法入民间"之终南捷径，是重新撮合人民与法律之最好媒介。

不过陪审员之选定要十分注意。像欧美一般通行的陪审制度似乎我国不能完全适用。本党第一次全国代表大会宣言说过："民国之民权，唯民国之国民乃能享之：必不轻授此权于反对民国之人，使得破坏民国。"如果陪审员资格漫无限制，很容易使司法权流入反动分子之手。意大利现制，陪审员须由司法部长推荐、经国王加以任命，则又未免官僚化，不宜采用。愚意陪审员名单，可由各职业团体选出候补人，由各地方法院经各地党部之同意指定之。如职业团体不满意于各地党部之选择时，得诉之于上级党部而请其决定。至陪审员之名额与权责，亦应有相当的限制与防止，务使

① 我们应如何用党义以解决郑继成案中人民与法院正义观念之矛盾，下文还有说明。

② Bayern 司法部长 Frank 之言。

名实相副，有利无弊。这在陪审制度着手制定之时，自须加以特别注意。

三

以上从主观方面即人的方面说明司法党化，现在更要从客观方面即物的方面说明司法党化。所谓物的方面之司法党化，就是指司法官审判时，(一)应该拿一个什么思维方法来做论证之基础，(二)这一步言，拿一个什么世界观来做思维方法与论证之动向。特别是我们采用“自由心证主义”的裁判制度，这些论证方法的基础问题更属重要。前揭两个问题本来都与司法党化问题有关，不过现在因限于篇幅，暂且把前一个问题思想形式问题放下，单就后一个问题思想实质问题、世界观问题——一个比较重要的问题——来说明。

我们说到应用世界观于司法上，或许有人这样提出反对。他们以为审判论证之基础与动向，应该凭着“客观的”法理，不应凭什么“主观的”世界观。他们或许以为民法第一条所规定的法理，系有一个静的形态，系有亘古不变、四海从同之性质。他们或许以为“法理”就是陆象山所谓“东海有圣人出，此心同此理同，西海有圣人出，此心同此理同，南海北海有圣人出，此心同此理同”一段哲学中所指义理。他们或许以为法理要是与世界观配合的话，这世界观应该视为人类普遍共认的世界观，断断不能视为一党一派的世界观，因为一党一派的世界观是偏私的，只有人类普遍共认的世界观才是公理之所在。这种见解，显然是受了18世纪自然法论之余毒。

依我们的见解，人类普遍共认的世界观只是玄学鬼的作祟罢了。宇宙间并没有客观的法理，只有主观的法理。只有某一党一派的主观信仰、主观的正义概念——因为能与某社会生活相适应，能客观地代表某社会某时代意识之故——把全社会感化了，把全社会的意识同化了，在这个时候，他的主观的法理就变为客观的法理。

我们认定法律是社会之上属建筑，它并不是空中楼阁，它必与社会结构之下层基础相适应。质言之，就是与经济制度相适应。由各个社会、各个时代之具体的生产形态与经济制度，反映出人民精神生活之各方面要求，因而形成种种社会意识。由多方面的社会意识有机的结合而成为一个世界观。所以，每一个社会、每一个民族、每一个时代都有一个特殊的世界观。世界观实在是充满着时间性与空间性的东西。这世界观向人们现实生活四面放射，因而形成种种精神生活。法律就是由整个世界观所包涵“正义”意识部分所反映而成的东西。法律与其母本的世界观，系属于一种有机的联系。形成法律之意识的因素必与整个世界观之任何因素相适应，而且与同一世界观属下之其他任何精神生活（如政治、道德、宗教、艺术等生活）之构成因素相适应。质言之，法律因素必要与其母本世界观之时间性、空间性完全适合，而且与其姊妹生活（道德、宗教等生活）之时间性与空间性也完全适合。这样以同一时间性、同一空间性为主要因素之联系，就叫做“有机的联系”。那所谓亘古不变、四海从同之客观的法理，是与法律之时间性、空间性观念不能相容，也与社会生活之有机的联系原则不能相容。如果人类普遍之法理能够存在的话是真的，除非人类各种争端都消灭了，一切国家都死灭了,人类全体只有共同向征服自然一个大目标进发,此外更无其他相反的利害关系存在的时候,所谓世界大同、天下为公的时候。

在现在中国社会里,一方对封建残余尚未肃清,他方帝国主义者猛烈进攻的时候,如果有人提出客观的文理来对抗司法党化的话,无疑地他是借着自然法论做护符,暗地里为封建残余或帝国主义者张目,而实行其进攻三民主义国家之计划罢了。自然法论,从罗马时代以来,从西塞罗(Cicero)、阿奎那(Aquinas)到霍布斯(Hobbes)、柯勒(Kohler),时常都是给反动学者所利用,作为进攻革命势力之烟幕弹。而没有锐利的社会哲学眼光,人们往往被他欺瞒过去了。

由上述关于社会之有机的联系的说明,可知一个国家全部法律,并非拉杂集合的东西,而系基于一定的统一的正义观念演绎而成之系统。这一定的统一的正义观念便形成一国法律之"基本法理"或"中心原则"。它就是这特定的国家民族的世界观之部分的体现。它是这国家民族生存之础石,所以又叫它做"立国根本原则",或"社会根本原理"。譬如美国之《独立宣言》,法国之《人权宣言》,苏联之《劳动及被剥削人民权利宣言》等便是。这些中心原则,有时在宪法里写着,如 1791 年法国宪法,1919 年德国宪法(第二编),1924 年土耳其宪法(第五章),1918 年苏俄宪法(第一编)。有时在其他法典如民法典里写着,如拿破仑民法典第 544 条规定所有权为对物绝对使用收益处分之权利,如苏联民法第一条规定行使权利与社会经济政策抵触时不受保护。更有时不收入宪法或法典里而任其在人民宣言或学说中存在的,前者如美国之《独立宣言》不编入联邦宪法内,《人权宣言》不编入 1875 年法国宪法内,中国国民党第一次全国代表大会宣言若干部分未编入训政时期约法内，后者如古代之所谓“春秋大义”，总理之三民主义讲演若干部分，德国科勒（Kerrl）等所著《国社党之刑法》（National Sozialistische Strafrecht, Denkschrift des Preussischen Jutizministers）等。[①] 特别是这些中心原则没有编列在成文法内的时候，很容易为人忽略。而短视的法律家往往因而误认这个国家的全部法律不是根据某一个主观的中心原则造成，而是由于客观的普遍的法理造成。如果这个国家是一个后进的国家，它的法律许多是由模仿或折衷外国法律而成的，那更是酿成法律家短视之因缘。

一个国家立法之中心原则，自然是跟着时代为转移，而与某时代支配该社会之世界观相适应。所以，在奴隶社会就有罗马视债权为 Imperium（命令权、强制权），视债务人为变相的奴隶的观念。在封建社会就有“春秋大义”，有英国土地所有权不可侵之原则。在资本社会就有“天赋人权”之理论。在共产社会就有“不劳动者不得食”，[②]消灭人对人之剥削关系[③]诸原则；在法西斯社会就有“公利先于私益”之立法原则。[④]

今日中国之国家，既不是前清或北洋军阀时代封建国家之遗留，也不是欧美资本国家或苏联共产国家之移植，而是系总理 40 余年致力革命所创造之国家。它是帝国主义时代殖民地革命所必然地产生之新机构。它需要特殊的正义观念，特殊的基本法理，特

① 如该书所载刑法基本观念是：“国社党刑法应责令个人于行为时对国家生存及公共福利之维持加一必要之考虑。”

② 见苏联宪法第 18 条。

③ 见同上第 9 条。

④ “Gemeinnutz vor Eigennutz”德国国社党 1920 年党纲第 24 条。

殊的建国中心原则。“革命民权”、[1]“国家自由”、[2]“平均地权”，“节制资本”等等理论，就是适合于殖民地革命客观的环境而由国民党扶植生长之主观的法理。

一国家一民族某时代之中心法理，既系该国家民族生存之础石，法律全部系统之总纲领，自然他们的一切法律、一切裁判都应该拿它做根据，才能与客观的环境相适应而合于人民生活之要求。若法官或立法家忽略了这一点，贸然一味去寻求所谓客观的法理来做立法或裁判之根据，结果必至与人民生活枘凿不相容，像郑继成案就是一个实例。

苏联革命之际，因为旧法完全推翻，新法草创不完，司法上往往感到乱杂无序，于是苏维埃政府颁布一个法令，说司法官如果觉到无法文可以适用时，应该本于社会主义之精神以为裁判。后来并且把这原则编入诉讼法内。这真是客观法理论者之当头一棒。

由以上推论，我们便可以归纳到以下一个原则，作为司法党化物的方面之标准——“适用法律之际必须注意党义之运用”。

四

从三权绝对区分旧学说来观察，自然不免会有人这样怀疑：司法上所应用义理，一切已包含于法律或法典之中。只要在立法程

---

① 见国民党第一次全国代表大会宣言。

② 见《民权主义》第二讲及民十三年(1924 年)十一月三日总理对黄埔军官学校告别词。

序中能注意党义之运用，则裁判上自不会有违背党义之事例发生。“司法党义化”不免是赘疣的口号了。这种论断，实在是忽略了现代法理学上两个惊人的伟大的新收获，就是：

（A）废除立法与司法性质上之区分，认定法律与裁判有同一意义与价值——奥国派凯尔森（Kelsen）等。[①]

（B）否认立法机关制定者为法律，而认定法院判例（或判决）及解释例（或解释）才是法律——美国派格雷（Cray）、弗兰克（Frank）等。[②]

试说明之：

（A）说以为立法与司法之性质，绝不是像向来那样解说。它们一样是“法律创造”，也一样是“法律适用”，性质上并没有什么不同，只是属于制法程序中两个不同的阶段罢了。法规对裁判言，法规是造法，而裁判是法律适用。法规对宪法言，则法规变为法律适用，而宪法却是造法。同一理由，以裁判对于执行言，裁判又变为造法，而执行才是法律适用。所以立法就是司法，司法也就是立法。立法与司法，只是量的区分，而非质的区分。法规把一个法律前提（Rechtsbedingung）和一个法律（Rechtsfolge）结论联系起来。[③] 判决也同样地把一个法律前提和一个法律结论联系起来。[④] 不过前者用于较广泛的范围，而后者用于较特定的范围罢了。

---

① 见 Kelsen, Allgemeine Staatslehre, S. 233 ff.

② 见 Modern Theory of Law（Oxford）中所载 some American Interpretation of Law 一篇。

③ 例如法典说：“犯杀人出于预谋者（法律前提）处死刑（法律结论）。”

④ 例如法院判决说：“郑继成预谋杀人（法律前提）减处有期徒刑七年、褫夺公权七年（法律结论）。”

“法规的联系功用，决不能取消判决的联系功用。”相反地，法规的联系功用倒还要赖判决的联系功用充实其内容。“如果没有判决，抽象的法律就无从取得具体的形态。”①所以，与人民实际生活有关系的，不是法律，而是判决，不是立法，而是司法。譬如没有咸饼、甜饼等等实在的饼到肚子里，只有饼的一个圆形、一个象征放在眼前，那就是“画饼充饥”。譬如远远望见了许多青梅、黄梅、大梅、小梅等等实在的梅，而不得到口，只是思想上存着一个梅的概念，那么，就是“望梅止渴”。判决才是实在的梅，实在的饼；法律只是“画饼”，立法只是“望梅”罢了。

(A)说把法律分为一般的与个别的，或抽象的与具体的，以法规为一般的或抽象的法律，而裁判为个别的或具体的法律，换言之，就是“观念的法律”与“实在的法律”。观念的法律必要待实在的法律补充它，才可以有“具体的形态”。质言之，总可以达于“现实”。一个抽象的法律，如果永无裁判去适用它，它便锈废了。这种说明，已是把司法看得极重，而把立法看得较轻，大变从来习尚了。

(B)说则更变本加厉，根本否认制定法是法律，至多承认它是法律之渊源，而把从来法律之地位给裁判法取而代之。如 Cray 下法律之定义便这样说：“法律乃是法院为决定权利义务所发布的规则。”这是以判例及解释例为法律。其意以为人事变化至为复维，一个抽象的一般的法律，决不能预料将来事件发生情形之变化而包举无遗，所以，法律必要靠裁判官立法以变化之，然后可以适应新环境，否则法律不过废纸而已，毫无用处。这按之美国移植与应

① 见 Kelsen 前揭书 232 页。

用不列颠普通法情形最为恰当。Frank 则更进一步，以为裁判官法（即判例及解释例）也不是法律。所谓法律应以每个具体案件的判决为限，该案件判决后，这判决的效力也随而消灭。这是以各个判决及解释为法律，连"例"也不承认。其意以为宇宙间决没有两个内容完全相同的事件发生，每一个事件都有它的特定内容。科学家在试验室中，可以先假定一个原则，每次试验照同一原则所规定内容如法炮制，所以每一次试验都是同一假定原则之演绎。法律家之裁判则不然，法官不能照着从前法例如法炮制案件，案情都是自然地个别地发生，完全超乎法官意识的统制。案情一有出入，法官也必须超脱前例，自创新律以为判断，才得公平。所以，判决绝不是演绎旧法而是创造新法。

依以上说明，可知从前以为司法不过是取原有法律之义理而演绎之，这个观念是根本错误了。微特照美国学派所说，判例或判决才是法律，司法不是演绎旧法而是创造新法，其理甚明。即照奥国派所说，法律也不能包举裁判，法律之功用也不能取消裁判之功用。试就"白马非马"之论证之，益为明显。吾人从"马"之一个概念中，决无从抽绎出一个"白"的义理，同样我们决不能从抽象的法律中寻求裁判所含法律之具体形态。换言之，即不能从观念的法律中演绎出实在的法律所含之特殊义理。公孙龙子说得好："白者所以定色也。马者所以定形也。定色者非定形也。故曰'白马非马'"。由"马"到"白马"的思想过程，其间至少有"白"之因素部分——定色的部分——是创造的，不是演绎的。同样从任何一个抽象的法规到一个实在的判决或解释，其思想过程至少也有一部分义理是创造的，非演绎的。我们不妨再举些实例来证明一下。

例一

譬如我国刑法第77条规定:"犯罪之情形可悯恕者得酌减本刑"。

抽象的法律只规定"酌减"二字。究竟得减为1/3?抑1/2?抑毫无限制?抑准用"减轻本刑"之规定,认为至少减轻1/2,而至多则无限制?在法律实毫无决定,而留给法官一个很广大的自由裁量余地。十七年(1928年)最高法院解字204号解释便给它如下一个决定:"同法第77条所谓酌减本刑,与减轻本刑异:至多仅能减本刑1/2"。

由这个解释例所发生之结果,其影响于民众实际生活颇为重要。譬如有出于爱国之动机而犯197条第二项前半段之罪者,依民族主义之意识,不应处罚。然按之法例,则至多仅能减处有期徒刑七年。假如没有这个解释例,则减处徒刑二月同时宣告缓刑亦无不可。近来俄、意等国新立法例,对于特种情形之犯罪,往往得减轻本刑至2/3,也有减轻不设限制而一任法官之自由裁量的。

又如最近有一个强盗案件。贫民某甲,结伙用强盗手段抢劫了一个轮船六吨煤,卖了57元钱。但这某甲只是附从的,主谋者另有别人。后来查出赃证又出于某甲之供述与引导。似乎此人并没有多大恶性。特别可注意的,是第一审判词内载:"甲以年关难度,……惟念因贫而犯,且系偶发(指未曾犯罪受刑之宣告言),犯罪情状堪以悯恕。"又第二审调查笔录载:"法官问:轮船何以不追回失去的煤炭?某证人答:船上是外国人作主。船上煤多,少了五六吨煤亦不在乎;所以没有去要。"由以上记载看来,一方受害者存煤甚多,失了五六吨并不在乎,所以查出赃物仍不起回——由此可以推测受害者并不感追究之必要，而出力追究者乃系希图赏钱得功、惯于与风作浪之包探——他方犯罪者为生活所迫，铤而走险，这罪责本业应该由社会制度来担负，而不能仅仅责备个人。假如没有解字 204 号解释例，则法院未尝不可以衡情酌理减处徒刑二年至二个月同时宣告缓刑。可是在目前法例之下，各审虽极力宽减，也无法减至徒刑三年又六个月以下。这某甲显然又是解字 204 号解例之牺牲品了。

由以上说明，可知刑法第 77 条之酌减原无限制，而“至多减 1/2”这个内容，显然是出于解字 204 号解例之创造，对于 77 条原文，直无演绎之可言。而且刑法“得酌减”三字，一个毫无具体形态之规定，于人民生活并不会发生什么深切的影响。依这样空洞的规定，出于爱国热诚而倾覆舟车致人死者，原可以处死刑，也可以处徒刑二月宣告缓刑。因年关难度而行强盗之某甲，原可以处 15 年徒刑，也可以处徒刑二月宣告缓刑。然而有了解释例，把一个具体的形态给那抽象的法律装上之后，他们大可悯恕的犯罪，也决不能作缓刑宣告之梦想了。

例二

譬如刑法第 257 条第三项规定：“移送被诱人出民国领域外者，处七年以上有期徒刑”。

这里所谓被诱人，是否把已满 20 岁之男女包括在内，法文并没有明白说出。依文理解释，此条文系承上第一第二项来，似乎是指未满 20 岁之男女，已满 20 岁者不在此例。又以论理解释言，第 314 条对于意图营利以诈术使人（指已满 20 岁人并包括男子）出民国领域外者，不过处五年以下有期徒刑，则单纯和诱已满 20 岁之男子出民国领域外者，断无反加重处罚之理，则第207条第三项所谓被诱人，自应如其文义，以未满20岁男女为限。而最高法院十七年(1928年)解字214号却加以扩充解释："但移送被和诱人出民国领域外者，无论已未满20岁，仍应依第257条第三项论科。"

虽有苏张之辩、祝佗之佞，恐不能说明这个解释是仅仅从刑法条文而演绎其义理罢。由移送被和诱人(一般和诱罪系以对未成年人行为为其要件)出国，转到移送已满20岁男子出国，这当中毋疑地含有创造法律、变更法律之意味。就此例言之，我们即用Frank之说，指其代替原法律条文而取得法律性质，不为过论。而新刑法第242条于被诱人上增加"前二条之"四字，显然系对于该解例之造法性之一个反响。

例三

刑法第297条规定："当场激于义愤而伤害人者处三年以下有期徒刑"。

因伤害而致人死的怎办？刑法并没有明文规定。十八年(1929年)发生黄培余案，就是这样情形。第一审法院以无明文可据，乃援用刑法第296条处断。最高法院检察长谓为违法，提起非常上诉。法院采纳其上诉意旨，而为如下之判决：

"刑法第二百九十七条所谓当场激于义愤而伤害人者，系包括同法第二百九十三条至二百九十六条所列举轻伤、重伤及伤人致死各种之情形而言。此观于法文规定之顺序，就论理解释，已可了然。"——十九年(1930年)非字第153号伤害罪本来系结果犯，其处罚之累重，纯以结果之轻重为标准。这是伤害罪论刑一个重要原则。依论理解释，则对于激于义愤之伤害罪论刑，是否当然放弃这个原则，很值得我们考虑。试参观新刑法第297条但书之规定，它却告诉我们，对此问题应该作否定之答案了。如果这个原则没有被我们忽视，则黄培余案第一审法院之论旨，并非毫无理由。不过它对于动机完全抹煞，这是大错。然而第一审法院之忽视于动机，与最高法院之略于结果，依论理言之，同是有所简略。激于义愤伤害人致死之罪刑，依严格逻辑，只可谓现行刑法并无规定。法律既无明文规定，依刑法第一条所含义理推之，对于"致死"之结果，自当不予论究，而单论其伤害之行为。所以，十九年(1930年)非字第153号判决之合法性，与其谓就伤害罪规定之论理解释而得之，不如谓为"法无明文不为罪"一个原则之当然结论。如果判例照此立论，自可谓为纯粹演绎。然而判例所陈法理，却舍此而有用彼。在一个"伤害罪视结果而论刑"的大原则笼罩之下，对于刑法第297条一个疏漏而简略的规定，勇敢地给他一个具体型态之补充，一个反乎上述原则的具体规定之添附，这样手段，如果定要说是论理解释，那末这种论理至少是一个辩证法的论理，而不是形式的演绎论理。对于现行法所采用一般原则，而就某种场合设定例外，这无疑是一种创造法律，而不是仅仅演绎义理。

由以上说明，可知司法作用比较立法作用，其关系于"民生"尤为切要。无论从美国派之裁判法法律说，抑或从奥国派之具体形态的法律创造说讲来，都显见得"司法之党化"应该比较"立法之党化"更为重要。

以上系就立法与司法从纯学理比较来说而断其对"民生"关系

之轻重。若再就中国特别国情言之，就其历史上倾向与习惯言之，判例势力之伟大，实无可争辩。请观以下几个事实。

（一）中国立法虽多仿大陆法系，然其实中国向来是判例法国家，甚似英美法系制度。在民国前，虽有大清律，而例却多于律，致使司法成为幕僚职业之秘密。民国后，在十八年（1929年）民法未颁布以前，除一二部分外，支配人民法律生活的，几于全赖判例。而判例所依据的，在北洋政府时代，除极小部分沿用大清律外，大部分均系依据条理。国民政府成立以后，大清律与北洋时代判例一律推翻，法官裁判所依据的，除条理与学说外，更无他物，可知中国之司法，向来已经取得创造法律之权威。即在近来民刑各法制定以后，法律虽较前大备，而《破产法》尚未制定，《土地法》亦未施行，其他虽有法典而因制定程序匆促多有草率而不完备之处，百孔千疮，除依赖司法官之立法外，决不能使法律生活得到圆满。

（二）礼俗在中国人民生活上的重要，亦为判例有力之根据。即如现行法所定禁令，大抵皆系以一定的制裁。每条的里面必包含一个"应为"或"不应为"的伦理的或道德的规范。此伦理或道德的规范，多见于一般的礼俗之中。无论礼俗是载于典籍或由于记忆的，常为"应为"、"不应为"的规范之所在。法律既只就"应为"、"不应为"的规范定一制裁，则在"应为"、"不应为"发生争执时，便难从律文上寻得解决的根据。譬如民法规定凡违背公共秩序、善良风俗之法律行为无效。但何者是公序良俗，则须求之于礼以为准。

（三）中国向来艳称"经义折狱"。这是证明中国民情不特重视判例，而且有时竟认道德原则或一般义理在裁判上有优于现行法之价值。试观《汉书》所载一段"春秋折狱"的故事：

“偃矫制，使胶东鲁国鼓铸盐铁。……御史大夫张汤劾偃矫制大害，法当死。偃以为《春秋》之义‘大夫出疆，有可以安社稷，存万民，颛之可也’。汤以致其法，不能诎其义。有诏下军问状。军诘偃曰：‘古者诸侯国异俗分，百里不通。时有聘会之事，安危之势，呼吸成变。故有不受辞造命颛己之宜。今天下为一，万里同风，[①]故《春秋》‘王者无外’。偃巡封域之中，称以出疆，何也？’……偃穷诎，服罪当死。”——《终军传》

“矫制当死”，这是现行法之规定。徐偃却轻轻地拿一个数百年前例案与学说便可以把他推翻，而断狱老手之张汤竟至束手无策。到底终军又拿另一个学说出来，才给现行法之效力下一个批准。这都可以证明义理与学说往往有优于现行法之效力，而裁判所含造法性之重大。

学说与一般义理，何以会有优于现行法之效力？此与现代法学之现行法主义（Positivism）似不相容。不知现行法并不是绝对的法律，有时一个反对的行为信条，往往与他同时对抗地存在着。[②]当两个行为信条对峙着支配人类心理时，非有一个更高的信条提出，不能压倒一切。而这更高信条或社会的中心法则——依上文说明——往往不存于现行法上，而仅仅存于学说或一般义理中。在现行法之上承认有一般义理或根本法则之存在，奥国纯粹法派

① 这里见汉人之谈法理，也很注意时间与空间性。终军之胜利与张汤之失败，其关键全在乎此。

② 观《汉书》所谓“致其法不能诎其义”，在这里“法”与“义”两字很明显表现出两个行为信条同时对抗地存在。

学者维多斯(Verdross)称他做“法规现行法主义”(Rechtspositivismus)。[①]

五

以上已经从一般原理上说明司法与立法一样有创造法律之作用,又从历史上说明判例势力在中国人民法律生活上影响之伟大。为增进司法效能,期司法作用适合于人民实际生活起见,必须使司法官认识一国之根本法理,法律全系统之中心原则,实无疑义。惟是依上文所述,这中心原则,往往不见于成文法上,那么这中心原则之探讨方法,很值得我们注意。

探讨方法,包括(一)材料搜集,(二)研究方法而言。关于材料之搜集,自当就国民党党纲、宣言及各重要决议案,总理学说及其他重要人物之言论中,把有关于国家生存诸根本法则都细绎出来,作为非制定法部分,与散见于各法典中诸根本原则,汇集而类比起来,然后有科学方法加以研究。至研究方法,应该包涵以下几个步骤:(一)应当注意这些根本法则、中心法则产生之社会的背景,观察人民之实际生活,特别注意考察中国经济进化到一个甚么阶段;(二)拿这些中心法则与中国各时代之中心法则比较,又与外国法律系统之中心原则比较,而分析其时间性与空间性;(三)考察中国现行各种法律与此中心原则之论理的关系;(四)考察各种现行法之缺点,详言之,即比较现行法与旧法律间之差异,而观察其进步

① 见 Verfassung der Völkerrechts gemeinschaft,S. 21.

之程度，又比较现行法与中心法则所悬拟之目的境界相差之程度，而假想改良法律之标准。总括一句话，应当有一个三民主义法律哲学之系统的研究。

三民主义国家，要求每一个法官对于三民主义法律哲学都有充分的认识，然后可以拿党义充分地运用到裁判上。他应该注意到以下各点实用：

（一）法律所未规定之处，应当运用党义来补充它；①

（二）法律规定太抽象空洞而不能解决实际的具体问题时，应当拿党义去充实它们的内容，在党义所明定的界限上，装置法律之具体形态；

（三）法律已经僵化之处，应该拿党义把它活用起来；

（四）法律与实际社会生活明显地表现矛盾而又没有别的法律可据用时，可以根据一定之党义宣布该法律无效。

现在试举一二个裁判党化之设喻：

例一

譬如上引之郑继成刺杀案，法院认定郑之行为已具备刑法第284条第一项第一款所规定预谋杀人之要件，所以判处罪刑。后来虽然由国民政府予以特赦，但特赦之效力不过是免除"刑之执行"，并非根本宣告无罪。如果人民提出这样一个问题："以郑继成之忠

① 《荀子》："故法而不议，则法之所不至者必废。……其有法者以法行，无法者以类举。"德国克尔（Kerr）在《国社党刑法》一书，主张用"类推法"说："若有某种行为，法律并没有明文禁止，然从健康的民族观念看来，为道义所不容，同时亦为某一特定刑条所本的法律思想所斥责，则法官可在这个特定刑条范围内，对此行为加以刑罚。"皆同此意。

孝双全,以张宗昌之罪恶贯盈,郑之杀张,用人民常识来判断,可谓合于正义。何以三民主义之刑法反认为有罪?”那末,特赦之办法是不能答覆圆满了。虽然结果郑继成一样不用坐监牢,可是名不正则言不顺。我们将何以自解于人民正义观念上之怀疑?

假使这个案件用党义来判断,便不难寻出一个名正言顺的办法了。

上文我们已经分析过,在这案件中,人民与法院间,有两个对抗的观念:一个是关于犯罪行为动机方面正义认识之对抗,就是“忠孝复仇之行为不应有罪”与“预谋杀人应该处罚”两个原则之对抗;又一个是犯罪客观方面正义认识之对抗,就是“张宗昌罪恶贯盈人人得而诛之”与“张宗昌之生命也是法律保护下之法益”两个原则之对抗。关于前一个问题,依照现代刑罚感化主义之采用,与古代复仇主义之放弃来看,又依照本党“国家自由”之原则,“革命成功,个人不能有自由,团体要有自由”之原则来看,郑继成之“复仇自由”应当牺牲,而听国家之自由决定。法院之观念的确可以矫正人民之观念。可是关于后一个问题就不同了。国民党第一次全国代表大会宣言说着:

> “国民党之民权主义与所谓天赋人权者殊科,而求所以适合于现在中国革命之需要。盖民国之民权,唯民国之国民乃能享之。必不轻授此权于反对民国之人,使得以破坏民国。详言之,则凡真正反帝国主义之个人及团体,均得享有一切自由及权利。而凡卖国罔民以效忠于帝国主义及军阀者,无论其为团体或个人,皆不得享有此等自由及权利。”

张宗昌是彰明较著的军阀，其卖国罔民之劣迹，人人皆知。特别是在国民革命军北伐的时候，他还负隅顽抗，失败以后，还毫没有悔过之表示，而且国府曾经通缉有案亦未取消。绳之党义，明明是“不得享有自由及权利”之人。民国国民之自由及权利，不轻授于此等破坏民国者，毫无疑义。质言之，他决不是国民政府法律所保护之人。他之生命，决不是法律保护下之法益。刑法第284条所指被杀之人，系以法律保护下法益之持主为要件。张宗昌之生命即不为国民政府法律之所保护，则郑继成之刺杀，自不合刑法第284条之要件，毫无疑义。关于此点，民间之正义观念，似不无可采之处。《春秋》大书“卫人杀州吁于濮”，不称弑其君，又著州吁之名，其意就是指乱臣贼子人人得而诛之，与国民党宣言不轻授自由及权利于破坏民国者相仿。人民称引《春秋》义理，未尝不与党义相暗合。假使我们根据这义理简直宣告郑继成无罪，这种裁判正与隽不疑[①]、终军等之用《春秋》断狱有同等价值。不过这样富有创造性之裁判，非有党之最高权威为有力的倡导，我们自然是不能责诸一般司法官的。

例二

譬如有某甲承租某乙之耕作地，约定每年租额为X。过了一年，某甲之耕作总收入比较订约时并不减少，但他却以肥料及耕作工具或生活必要资料价格腾贵为理由，要求某乙减少租额至X以下。乙不答应，他的理由是某甲收益并无减少。在这个案件，法院

① 《汉书·隽不疑传》：“始元五年……此罪人也。”遂送诏狱。

判决无论准许甲之要求，或驳斥甲之请求，照民法第457条[①]文义来说，似乎都不能谓为违法。可是照党义来说，便显然有不同的旨趣。《民生主义》第三讲说着：

> “我们要增加粮食生产，便要规定法律，对于农民的权利有一种鼓励，一种保护，让农民自己可以多得收成。……照道理讲，农民是应该为自己耕田，耕出来的农品要归自己所有。现在的农民都不是耕自己的田，都是替地主耕田，所生产的农品大半是被地主夺去了。这是一个很大的问题。我们应该马上用政治和法律来解决。”

依照这个“保障农民权利”及“农民应该为自己耕田”的大原则来说，法院在这个案件，无疑地是应该准许甲之要求，而驳斥乙之要求。民法第457条及844条之所谓“收益”，依照民生主义的意旨，应当解为“纯收益”，而不当解为“总收益”。

六

以上说明司法党化之人的及物的两方面意义。这两方面措施，必定要双管齐下，才能得到圆满的结果。孟子说：“徒善不足以为政；徒法不足以自行。”中心法则之认识，是“法”的方面；司法干部人员党化，是“善”的方面。这是交相为用的。

① 同法第844条有类似规定。

根据以上论旨，我们指出实行司法党化的几个切要办法：

（一）令法官注意研究党义，适用党义；

（二）以运用党义判案作为审查成绩之第一标准；

（三）司法官考试，关于党义科目，应以运用党义判案为试题，不用呆板的抽象的党义问答；

（四）法官训练所应极力扩充范围，务使下级法官一律有入所训练之机会，同时该所课程应增加“法律哲学”及“党义判例”、“党义拟判实习”等科目；

（五）设立法曹会，并饬其注重研究党义之运用；

（六）编纂“判解党义汇览”，摘录党义及基本法理，与判例解释例类比，分别附于法律条文之后，而辨别其旨趣之符契或乖离；

（七）从速施行陪审制度。*

---

* 原文载《东方杂志》第三十二卷第十号，1935 年出版。选自陈三井、居密合编：《居正先生全集》（上册），台湾“中央研究院”近代史研究所 1998 年出版，第 241—258 页。

第三篇　为什么要重建中国法系

一　引言

或谓我等生斯世也，为斯世也，似应该与世推移，善斯可矣，何必是古非今？效康成入何休之室，操何休之戈，铖膏肓，起废疾，以自绝于时髦，而为现实派所訾为落伍呢？予曰，唯唯否否，我们须知人类生存于天演时代，个个是要赛跑的，赛跑必须接力，以作其盾；必有啦啦队，以鼓其气，才可以勇往直前。又自科学发明以后，在在是要斗宝的，斗宝一定要拿出真实宝贝，才可以夺获锦标，争取最后胜利；否则非之无举，刺之无利，同乎流俗，合乎污世，是乡原之自暴自弃，亦终必为奴而已矣。国父说得好："一面要迎头赶上，一面要从根救起。"试广其意，迎头赶上，必须从根救起，亦必从根救起，始能迎头赶上。我们生于斯，长于斯，聚国族于斯，数典而忘其祖，怀宝而迷其邦，是殆不仁不智之甚，其能免于今之世吗？所以我不自揣，在中华法学会年会当中，要揭橥重建中国法系。既非复古，亦非违时，是要为我中华民国立国于此一世界，本国父遗嘱所说，其目的在求中国之自由平等，以蕲完成己立立人、己达达人斯已矣。

我们要知道法学者，是一种形而上的学问，包括宇宙间自然科学，社会科学，进而通于宗教哲学。何以故？大凡世界上探研各种学科学问，必须穷原竟委，有一定的准绳法则。这一定的准绳法则，是由前人因事推理，准情合数，而逐渐发明。不是一蹴而就，更不是凭空捏造。我国《大学》有云："物有本末，事有始终"，若不揣其本而齐其末，方寸之木，可使高于岑楼，哪有什么理解可说呢？抑知作始也简，将毕也钜，始谋之不臧，始基之不立，而期其有终济美，殆如缘木求鱼，只求收获，不问耕耘，决无是事。因此我们研究法学及探讨任何一国法律，可以分作三个步骤：先考察它"过去如何"，"现在如何"，再进而观察它"应当如何"。明乎此，我们今日要讨论"为什么要重建中国法系"这一问题，就得先将中国法系发展的过程及现状，约略作一个全盘的剖视，然后进而研讨其未来应当如何，比较容易得着正确结论。

二　殷周及其前期法律萌芽情形的检讨

考我国法律起源悠远，观《易经》所示刑法之象，即其明证。按《噬嗑》章云："噬（啮也）嗑（合也）亨，利用狱。"程颐解释谓："口中有物，则隔其上下不得嗑，必啮之则得嗑，故为噬嗑。圣人以卦之象，推之于天下之事，在口则为物隔而不得合，在天下则为有强梗或谗邪间隔于其间，故天下之事不得合也，当用刑法，小则惩戒，大则诛戮，以除去之，然后天下之治得成矣。噬嗑者，治天下之大用也，去天下之间在任刑罚。"又谓："天下之事所以不得亨者，以有间也，噬而嗑之，则亨通矣。利用狱，噬而嗑之之道，宜用刑狱也，天下之间，非刑狱何以去之？不云利用刑，而云利用狱，卦有明照之象，利于察狱也。狱者，所以究治情伪，得其情则知为间之道，然后可以设防而致刑也。”

《彖》云：“颐中有物曰噬嗑，噬嗑而亨，刚柔分动而明，雷电合而章，柔得中而上刑，虽不当位，利用狱也。”程颐解释谓：“刚爻与柔爻相间，刚柔分而不相杂，为明辨之象。明辨，察狱之本也，动而明，下震上离其动而明也。雷电合而章，雷震而电耀，相须并见，合而章也，照与威并行，用狱之道也，能照则无所隐情，有威则莫敢不畏。六五……以柔居五为不当，而利于用狱者，治狱之道，全刚则伤于严暴，过柔则失于宽纵，五为用狱之主，以柔处刚而得中，得用狱之宜也。”

《象》云：“雷电噬嗑，先王以明法敕罚。”程颐解释谓：“电明而雷威，先王观电雷之象，法其明与威，以明其与威，以明其刑罚，敕其法令，法者明事理，而为之防者也。”

《贲》之《象》云：“山下有火，君子以明庶政，无敢折狱。”程颐解释谓：“君子观山下有火，明照之象，以修明其庶政，成文明之治，而无果敢于折狱也。”（无果敢，不操切之意。）

《旅》之《象》云：“山上有火，君子以明慎用刑而不留狱。”程颐解释谓：“火之在高，明无不照，君子观明照之象，则以明慎用刑。明不可恃，故戒于慎，明而正，亦慎象，观火行不处之象，则不留狱。狱者不得已而设，民有罪而入，岂可留滞淹久也。”

《中孚》之《象》云：“泽上有风，中孚，君子以议狱缓死。”程颐解释谓：“水体虚，故风能入之；人心虎，故物能感之。风之动乎泽，犹物之感于中，故为中孚之象。君子观其象，以议狱缓死。君子之于议狱，尽其忠而已，于决死，极其恻而已，故诚意常求于缓。缓，宽也。于天下之事，无所不尽其忠，而议狱缓死最其大者也。”

《蒙·初六》云:“发蒙利用刑人,用说桎梏,以往吝。”程颐解释谓:“发下民之蒙,当明刑禁以示之,使之知畏,然后从而教导之。”

《坎·上六》云:“系用徽(索三股)纆(索两股),置于丛棘,三岁不得凶。”程颐解释谓:“上六以阴柔而居险之极,其陷之深者也。以其陷之深,取牢狱为喻,如系缚之以徽纆,囚置于丛棘之中,阴柔而陷之深,其不能出矣。”

《噬嗑·初九》云:“履校灭趾,无咎。”程颐解释谓:“九居初,最在下无位者也,下民之象,为受刑之人。当用刑之始,罪小而刑轻。校,木械也,其过小,故履之于足,以灭伤其趾。人有小过,校而灭其趾,则当惩惧,不敢进于恶矣。”

《上九》云:“何校灭耳,凶。”程颐解释谓:“系辞所谓恶积而不可掩,罪大而不可解者也,故何校而灭其耳,凶可知矣。何,负也,谓在颈也。”

《讼》之《彖》曰:“讼上刚下险,险而健讼,讼有孚,窒,惕中,吉,刚来而得中也。终凶,讼不可成也,利见大人,尚中正也。”

按八卦相传为伏羲所画,《易》则为文王所演,就以上所举,可知吾国法律萌芽之早,远在数千年以前。《路史·后纪》云:“太昊伏羲氏……霙龙时瑞,因以龙纪官,百师服皆以龙名……六佐职而天地位,阴阳得……乃明刑政,修兵杖以威怀。”《通鉴前编·外纪》云:“太昊时,有龙马负图出于河之瑞,因而名官,始以龙纪号,曰龙师,又命五官,秋官为白龙氏。”由此以观,则在伏羲时刑狱之制、法官之设,俱已有之。自此以后,黄帝、唐虞以及三代,册籍所载,随在多有。

关于黄帝者,如《管子·任法》篇云:“黄帝治天下,民不引而来，不推而往，不使而成，不禁而止。黄帝置法而不变，使民安其法者也”。《立政》篇：“藏于官则为法，施于国则成俗。”《商君书·画策》篇：“神农既没，以强胜弱，以众暴寡，故黄帝作为君臣上下之义，父子兄弟之礼、夫妇匹配之合，内行刀锯，外用甲兵。”《汉书·胡建传》：“黄帝李法曰，‘壁垒已定，穿窬不由路，是谓奸人，奸人者杀。’”苏林注云：“‘李法’，狱官名也，《天文志》左角李，右角将。”颜师古注云：“李者法官之号也，总主征伐刑戮之事也，故称其书曰《李法》，苏说近之。”《史记·五帝本纪》云：“诸侯咸尊轩辕为天子，是为黄帝，官名皆以云命为云师。”

关于唐虞者，如《舜典》：“象以典刑，流宥五刑，鞭作官刑，扑作教刑，金作赎刑，眚灾肆赦，怙终贼刑，钦哉钦哉，唯刑之恤哉”。是当时的刑名，已经有“象刑”、“五刑”、“五流”、“鞭”、“扑”、“赎刑”、“赦”等分别；而“眚灾肆赦，怙终贼刑”，则是后世刑法上所谓“屡犯加重”、“过失减轻”的原则，在当时也已见其端倪了。“钦哉钦哉，唯刑之恤哉”两句话，尤见恤刑慎狱，叮咛告诫的深意！考帝舜即位为西历纪元前2250年，距今4220年，《罗马十二铜表法》之公布，相传为公元前452年，欧洲最古之《摩西法典》，其出世约为纪元前1400年，吾国在4200余年前即有如此详晰的法律概念记载，当然弥足珍视。

我们再看《大禹谟》：“帝曰皋陶，唯兹臣庶，罔或干予正，汝作士（《传》：“士，理官也。”《正义》云：“士即《周礼》司寇之属”）。明于五刑，以弼五教，期于予治，刑期于无刑，民协于中，时乃功，懋哉！”皋陶曰：“帝德罔愆，临下以简，御众以宽，罚弗及嗣，赏延于世，宥过无大，刑故无小，罪疑唯轻，功疑唯重，与其杀不辜，宁失不经，好生之德，洽于民心，兹用不犯于有司。”帝曰：“俾予从欲以治，四方风动，唯乃之休！”这一段君臣相对的谈话，就可知道用刑的旨趣，乃是在“期于无期”，而“罪疑唯轻，功疑唯重，与其杀不辜，宁失不经”，尤见刑赏忠厚之至！

又《后汉书·张敏传》：“建中初上疏曰：‘孔子垂经典，皋陶造法律，原其本意，皆欲禁民为非’。”《国语·鲁语》：“展禽曰，‘尧能单均刑法以仪民’”（注：单，尽也。均，平也。仪，善也）。《春秋·元命苞》：“尧得皋陶，聘为大理，舜时为士师。”《路史·少昊》记：“大业取少典氏女曰华，生繇，虞帝求旃以为士师，繇一振褐而不仁者远，乃立犴狱，造科律听狱中为虞之氏，而天下无冤，封之于皋，是曰皋陶。”《竹书纪年》：“帝舜三年命皋陶作刑。”

关于夏代者，如《左传》昭十四年：“《夏书》曰昏墨贼杀，皋陶之刑也”。《尚书·大传》：“夏刑三千条。”《隋书·艺文志》：“夏后氏肉刑有五，科条三千。”扬子《法言》：“夏后氏肉辟三千。”《路史·后纪》：“夏后氏罪疑唯轻，死得千馔，中罪五百，罚有罪而民不轻，罚轻而贫者不致于散，故不杀不刑，罚弗及强而天下治”（注云：《大传·甫刑传》云：“禹之君民也，罚不及强而天下治，一馔六两”）。《左传》昭六年：“夏有乱政，而作禹刑。”夏时军法，则有《甘誓》、《胤征》可考；其法官则《尚书大传》《夏书·郑玄注》云：“所谓六卿者：后稷、司徒、秩宗、司马、作士、共工也。”夏时的刑名，见《隋书·艺文志·刑法》，肉刑见扬子《法言》。又《汉书·刑法志》云：“禹承尧舜之后，自以德衰，始制肉刑。”以上所引述的，为夏代以前的法制情形。

自殷以后，因有殷墟史料可证，国人治史，遂多以殷代为中国史的开始，治法制史者亦然。这种注重证据，信则传信、疑则传疑的精神，固然可佩；但因此就否认殷以前的史实，也不能谓无过。

按史载黄帝曾与蚩尤战于涿鹿之野，那一战是奠定汉族生存的战争，试想，如果没有军法来部勒战士，怎能够作那样大规模的战争？由这一战开疆拓土之后，如果没有相当的法律来管理，又如何能够控制那样的广土众民？所以我们如说殷代以前的法制未必如史册所载的那样详尽则可，若果根本否认殷代以前曾有萌芽的法律制度，而认为一切都是自殷代才开始，那么，殷代何以能够忽然凭空进入这一个阶段呢？我们岂不是连进化的轨则都否认了么？

关于殷代者，《尚书·伊训》曰："制官箴，儆于有位"。又曰："臣下不匡，其刑墨。"《盘庚》曰："非汝有咎，比于罚。"又曰："乃有不吉不迪，颠越不恭，暂遇奸宄，我乃劓，殄灭之。"近据《殷墟文字汇编》考释，其中如徒刑，身体刑、生命刑等，俱可寻绎而得。

关于周代刑法的内容，有《尚书·吕刑》篇可供研究。其中属于身体刑的，有墨辟、劓辟、剕辟、宫辟。属于死刑的，有大辟。更有关于墨辟、劓辟、剕辟、宫辟、大辟疑赦赎罪的规定。此外如《康诰》、《酒诰》、《粜诰》等，则对于饮酒、不孝不友、及诈欺窃盗等罪的处罚，也有所述。按《吕刑》一篇，今古文《尚书》均有，自可认为信史。

又《周礼》一书，记载有周一代的法制，颇为详尽。如关于法律之公布者，《秋官·小司寇》云："正岁帅其属而观刑象，令以木铎曰：'不用法者，国有常刑'"。《大司寇》云："正月之吉，始和布刑于邦国都鄙，乃悬刑象之法于象魏，使万民观刑象，挟日而敛之。"《秋官·小司寇》云："正岁帅其属而观刑象……宣布于四方宪刑禁，乃命其属入会，乃致事。"《秋官·士师》云："书而悬于门闾……宪用诸都鄙……正岁帅其属而宪禁令于国及郊野。"其专司布宪之官吏，则如《序官》所载云："布宪中士二人，下士四人，府二人，史二人，胥四人，徒四十人”。此专司布宪之中士、下士、及府、史、胥、徒，其任务则如《布宪》所云：“布宪掌邦之刑禁，正月之吉，执旌节以宣布于四方，而宪邦之刑禁，以诘四方邦国，及其都鄙，达于四海”。是当时对于法令的公布，有一定的规定，有专司的官吏，其郑重可见一斑。

迨至春秋战国之际，王室寖衰，各国有其自订之刑法。如周景王九年，郑铸刑书。敬王七年，晋铸刑鼎，均见经传。关于用典的轻重，则《秋官・大司寇》有云：“大司寇之职，掌建邦之三典，以佐王刑邦国，诘四方。一曰刑新国用轻典，二曰刑平国用中典，三曰刑乱国用重典”。关于刑事责任的减免者，《秋官・司刺》有云：“一宥曰不识，再宥曰过失，在宥曰遗忘。一赦曰幼弱，再赦曰老耄，三赦曰愚蠢”。郑众注云：“不识谓愚民无所识，则宥之；过失若今律过失杀人不坐死。”又云：“幼弱老耄，若今律令，年未满八岁，八十以上，非手杀人，他皆不坐。”此与《罗马法》上的所谓重过失、轻过失及最轻过失之观念固有类似，即与现代一般法律上责任之减免亦多吻合之处。

关于正当防卫者，《周礼・秋官・朝士》云：“盗贼军乡邑及家人，杀之无罪”。郑注云：“谓盗贼群辈若军，共攻盗乡邑及家人者，杀之无罪，若今时故入人室宅庐舍，上人车船，牵引人欲犯法者，其时格杀之无罪。”《左传》于此复记有一事例：“郑游贩夺人之妻，其夫攻杀之，而以其妻行，子产复之，令游氏弗怨。”

关于证据法则者，《周礼・地官・小司徒》云：“凡民讼以地比正之”。《疏》云：“民讼，六乡之民有争讼之事，是非难辨，故以地之比邻知其是非者，共正断其讼。”又《周礼・秋官・朝士》云：“凡属责者，以其他传而听其辞。”李嘉会释云：“地传者，当土之人，当时为传别者，若今牙保也。属责于人有地传为之证，则听其辞而理之。”此为人证之例。关于书证者，如《周礼·地官·小司徒》云：“地证以图证之”。《注》谓：“地讼争疆界，图谓邦国本图。”《疏》谓：“言地讼争疆界者，谓民于疆之上横相侵削者也。图谓邦国本图者，凡量地以制邑，初封量之时，即有地图在于官府，于后民有讼者，则以本图证之。”又如《周礼·秋官·士师》云：“凡以财狱讼者，正之以傅别约剂。”郑锷释云：“因争财而有狱讼，必以傅别约剂正之，小宰八成所谓听称责与卖买者也”，“称责之财，则傅之以约束，别而为两，人执其一，卖买之财，则立为限，约而有剂，传与身执，故以财致讼者，操此以为决”。前者为调取官署档卷为证据之例，后者为以诉讼标的契约为证据之例。

关于审判心理与自由心证者，《吕刑》有云：“简孚有众，唯貌有稽”。《周礼·秋官·大司寇》云：“以五声听狱讼求民情，一曰辞听，二曰色听，三曰气听，四曰耳听，五曰目听。”关于一造审理与两造审理者，《吕刑》有云：“明清于单辞”，又云：“两造具备，师听五辞”。

关于诉讼代理、辩护及辅佐人者，《周礼·秋官·司寇》云：“凡命夫命妇，不躬坐狱讼”。《疏》云：“古者取囚要辞皆对坐，治狱之吏，皆有严威，恐狱吏亵，故不使命夫命妇亲坐。若取辞之时，不得不坐，当使其属或子弟代坐也。”此虽不免含有封建意味，要为诉讼可由他人代理之证，其例如《春秋》僖公二十八年，《左传》载“卫侯与元晅讼，宁武子为辅，臧庄子为坐”。《疏》云：“宁武子为辅庄子也，以宁子位高，故先言之。”又《春秋》楚王叔与伯舆讼一案，《左传》襄公十年：“楚王叔陈生与伯舆争政，王右伯舆，王叔陈生怒而出奔。及河，王复之，杀史狡以说焉，不入，遂处之。晋侯使士匄平室，王叔与伯舆讼焉。王叔之宰，与伯舆之大夫瑕禽坐狱于庭，士匄听之。王叔之宰曰：‘筚门闺窦之人而皆陵于其上，其难为上矣！’瑕禽曰：‘昔平王东迁，吾七姓从王，牲用备具，王赖之，而赐之骍旄之盟，曰世世无失职。若筚门闺窦，其能来东底乎？且王何赖焉？今自王叔之相也，政以贿成，而刑放于宠，官之师旅，不胜其富，吾能无筚窦乎？唯大国图之，下而无直，则何谓正矣’？”其彼此论辩，可谓能尽攻击防御之能事。

关于陪审制度者，《周礼》司刺其职为：“掌三刺三宥三赦之法以赞司寇听狱讼。一刺曰讯群臣，再刺曰讯群吏，三刺曰讯万民”。关于并合论罪者，《吕刑》云：“下刑适重，上服”。贾疏云：“下刑适重者，谓一人之身轻重二罪俱发，则以重罪而从上服，令之服上罪。”又云：“或轻或重，诸所罪罚者有权宜当临时斟酌，不得雷同加罪。”《吕刑》又曰：“狱成而孚，输而孚，其刑上备，有并两刑。”关于审判上之加减者，《周礼·秋官·小司寇》有云：“听民之所刺，以施上服下服之刑”。三刺复有云：“以此三法者，求民情，断民中，而施上服下服之罪。”

关于法院编制者，《秋官·司寇》有乡士、遂士、县士、方士、讶士种种。乡士之职掌为“掌国中，各掌其乡之民数而纠戒之，听其狱讼。”郑注谓：“其地则距王城百里内也。言掌国中，此主国中狱也，六乡之狱在国中。”遂士之职掌为“掌四郊，各掌其遂之民数而纠其戒令，听其狱讼。”郑注谓：“其地距王城百里以外至二百里。言掌四郊者，此主四郊狱也，六遂之狱在四郊。”县士之职掌为“掌野，各掌其县之民数，纠其戒令而听其狱讼。”郑注谓：“距王城二百里以外至三百里曰野，三百里以外至四百里曰县，四百里以外至五百里曰都。都、县、野之地，其邑非王子弟公卿大夫之采地，则皆公邑也，谓之县，县士掌其狱焉。言掌野者，郊外曰野，大总言之也。”方士之职掌为“掌都家，听其狱讼之辞。”郑注谓：“都，王子及公卿之采地；家，大夫之采地。大都在疆地，小都在县地，家邑在稍地。不言掌其民数，民不纯属王。”讶士之职掌为“掌四方之狱论。”郑注谓：“四方诸侯之狱讼，谕罪刑于邦国，凡四方之有治于士者造焉（注谓：谳疑辩士先采诣，乃通之于士也。士，谓士师也，如今郡国亦时遣主者吏诣廷尉者）。四方有乱狱，则往而成之（注云：乱狱谓若君臣宣淫，上下相虐者也。往而成之，犹吕步舒使治淮南狱）”。条分缕析，显然各有一定管辖。各条之下，复有“司寇听之”或“司寇听其成于朝”之记载。又《周礼·王制》云：“成狱辞，史以狱成告于正，正听之；正以狱成告于大司寇，大司寇听之棘木之下；大司寇以狱之成告于王，王命三公参听之；三公以狱之成告于王，王三又，然后制刑。”审判制度，亦可略见。

关于越级上诉者，《周礼·秋官·大司寇》有言：“以肺石达于穷民，凡远近茕独老幼之欲有复于上，而其长弗达者，立于肺石。三日，士听其辞，以告于上而罪其长”。

关于监狱者，《周礼·大司寇》云：“以圜土聚教罢民（注云：“圜土，狱城也，聚罢民其中，困苦以教之为善也，民不愍作劳，有似于罢”）。凡害人者，置之圜土而施职事焉”。又云：“以嘉石平罢民（注云：“嘉石，文石也，树之外朝门左。平，成也，成之使善”）。凡万民之有罪而未丽于法、而害于州里者，桎梏而坐诸嘉石，役诸司空。重罪……期役，其次……九月役，其次……七月役，其次……五月役，下罪……三月役。”既谓役诸司空，则所役者为何事？按司空掌邦事，为冬官，其所督导者，为百工之事。《周礼·冬官·考工记》云：“凡攻木之工七，攻金之工六，攻皮之工五，设色之工五，刮摩之工五，抟埴之工二。攻木之工：轮、舆、弓、庐、匠、车、梓。攻金之工：筑、冶、凫、栗、段、桃。攻皮之工：函、鲍、韗、韦、裘。设色之工：画、缋、钟、筐、巾荒。刮摩之工：玉、楖雕、矢、磬。抟埴之工：陶、瓬。”又云“轮人为轮”、“轮人为盖”、“舆人为车”、“辀人为辀”、“冶氏为杀矢”、“桃氏为剑”、“凫氏为钟”、“栗氏为量”、“函人为甲”、“韗人为皋陶”、“巾荒氏涑丝”、“玉人之事镇圭……命圭……桓圭……信圭……”、“磬氏为磬”、“矢人为矢”、“陶人为甗”、“瓬人为簋”、“梓人为筍虡”、“梓人为饮器”、“梓人为侯”、“庐人为庐器”、“匠人为沟洫”、“车人为耒”、“弓人为弓”。是则木工、金工、皮工、染工、陶工、玉工，无一不备，所造之器物，则舟车兵器之属以至宗庙祭祀及一般用具，均应有尽有。斯其惩役作业范围之广，殆非今日之监狱作业所可比拟。而感化政策，亦被采取。其后秦汉时代之城旦、鬼薪、白粲，亦均为惩役劳作。即刑余之人，亦俱有一定劳作。如《周礼·秋官·掌戮》云：“墨者使守门，劓者使守关，宫者使守内，髡者使守积”。关于监狱之给养，《周礼·秋官·司圜》有云：“凡圜土之刑人也不亏体”。又《礼记·月令》：“挺重囚，益其食。”是对于监狱的给养卫生，亦未尝不加注意。

唯以上所引述，非谓现代之一切制度，在我国古代均已无所不备，但可证明在当时已有相当的概念和类似的创制，亦可见吾国法律方面发达的悠远了。

又当时关于法官的选择及其责任，亦已非常重视。如《尚书·立政》篇周公垂诫成王云：“庶狱庶慎，惟有司之牧夫，是训用违。庶狱庶慎，文王罔敢知于兹。”《吕刑》一篇对于法官人选再三致意，一则曰：“非尔唯天作牧，今尔何监？”再则曰：“天齐于民，俾我一日。”又谓“尔尚敬逆天命，以奉我一人。”又谓“无简不听，具严天威。”又谓:“在今尔安百姓,何择非人?何敬非刑?何度非及?”孙星衍疏云:“在今而安百姓,女何择?言人何敬不刑?何度不及?能择人而敬为刑,尧舜禹汤文武之道可及也。”

又《潜夫论·本政》篇引此经而说之云:“将致太平者,先调阴阳;调阴阳者,先顺天心;顺天心者,先安其人;安其人者,先审择其人。故国家存亡之本,治乱之机,在明选而已矣。”至选择法官之标准如何?则曰“哲人唯刑”,又曰“非佞折狱,唯良折狱”。盖唯哲人乃能“哀敬折狱”,乃能“如得其情,则哀矜而无喜”,若夫佞人则虽有辩给之口才,而不能期其公正不偏。其训勉法官须操持廉正,则曰:“五过之疵,唯官(谓挟威势)、唯反(谓报恩怨)、唯内(谓从中制)、唯货(谓行贿赂)、唯来(谓谒请,马融以来作求,有求请,赇也。唯作来亦通)”。且明白昭示五刑之疑有赦,五罚之疑有赦,而对于五过之疑则独无赦(郑康成曰:“不言五过之嫌疑有赦者,过不赦也”)。《礼记》曰:“凡执敬以齐众者,不赦过。”此与现行刑法渎职罪加重,及公务员假借职务上权力机会及方法犯罪加重处刑之用意,正属相同。又曰:“典狱非讫于威,唯讫于当。”又曰:“无或私家干狱之两辞,狱货非宝,唯府辜功,以报庶狱。”均见垂诫之深。

又以司法乃公道的源泉,法官的内心生活,必须随时随事能守“敬”执“中”,故又反复叮咛,申述其义。其言“敬”则曰:“唯敬五刑,以成三德。”又曰:“何敬非刑。”又曰:“哀敬折狱。”又曰:“朕敬于刑,有德唯刑。”而言“中”则曰:“士制百姓于刑之中。”又曰:“故乃明于刑之中。”又曰:“罔择吉人观于五刑之中。”又曰:“唯良折狱,罔非在中。”又曰:“明启刑书胥占,咸庶中正。”又曰:“民之乱罔不中。”又曰:“无强之辞,属于五极,咸中有庆。”据此可知其对于法官之选择及训勉,其郑重为何如?

于此,复有须特别补充之点,即吾国法律固在早期即已发达,但其发展却比较的偏于刑法方面,非如罗马法之在民法方面有其特别发展。此其故,一则由于地理的关系,中华民族过去与他族少所接触,一切思想生活行为,完全为一单一的整体的发展,个人主义向不发达,非若欧洲之种族繁多,彼此接触频繁,权利观念自始即甚着重。因之民事法律之发展乃比较暗淡。再则因受过去政治制度的影响,国家对于个人行为不免常采干涉主义,刑法范畴,因此遂致扩大,此为研究吾国过去法律随时所能发现者。

三　法律思想蓬勃的一个时期

我国过去法律思想最蓬勃的时期,当然要数到战国的一个阶段。其时"法治"不但见之于理想,而且先后施之于实际。管仲在春秋的时候,以之治齐而齐治;商鞅在战国的时候,以之治秦而秦强。其后秦之所以能够并吞六国,浑一寰宇,也就是由于商鞅秉政的20年中,为秦国奠下了富强的基础。他的功绩是不可磨灭的。

但在战国以前的春秋时代,如子产的治郑,也早已转向于法治。按《左传》昭公六年三月,郑铸刑书,晋叔向因为与子产相契,当时就贻书于子产,表示反对,谓:"民知争端矣,将弃礼而征于书,锥刀之末,将尽争之"。子产很斩截地答复说:"侨不才,不能及子孙,吾以救世也。"到了定公九年,《传》称"驷颛杀邓析,而用其竹刑"(注:邓析造刑法书于竹简)。这时距子产铸刑书不过三十余年，即已由笨重的刑鼎而演为可以传写流通的刑书，不能不说是很快的进步。其后襄公九年，《传》称："宋使乐遄庀刑器"（注：刑书疏载于器物）。昭公二十九年冬，晋赵鞅、荀寅赋晋国一鼓铁以铸刑鼎，"遂著范宣子所为刑书焉"。可见事实需迫，法律更完全公开化了。

这些刑鼎刑书，现在都无可考，因之学者间多认战国时替魏国著《法经》的李悝，为我国成文法典的创始者。他这部《法经》的内容，据《唐律疏义》卷一云："魏文侯师李悝，集诸国刑典，造《法经》六篇：一、盗法，二、贼法，三、囚法，四、捕法，五、杂法，六、具法"。《晋书·刑法志》、《唐六典》（卷六）、《通典》（卷一百六十三）所言大略同。这书久已遗佚，黄奭《汉学堂丛书》辑得佚文六篇。孙星衍《李子法经序》云："李悝《法经》六编，存唐律中，即《汉书·艺文志》之《李子》三十二篇。在法家者。后人援其书入律令，故隋以后志经籍诸家不载……按悝书以盗法在前者，罪举其重；以具法在末者，古人撰述，率皆以序录附本书后，是其例……法家之学自周穆王作《吕刑》后，有春秋时刑书竹刑，及诸国刑典，未见传书，唯此经为最古……虽此六篇内有'天尊'、'佛像'、'道士'、'女冠''僧尼'诸文，为后世加增，如《神农本经》之有郡县名。其篇数经累代分合，亦不能复循《汉志》三十二篇之旧。然信三代古书，未火于秦，足资经证，不可诬也"云云。一般所以认李悝为我国成文法典的创始者，便是因为有这《法经》可据。按这部《法经》的真实性，仍不无疑问，我国成文法的创始，实际当更在李悝《法经》之前，唯史称这部《法经》，商鞅受之以相秦，萧何更据以扩充之而为《汉律九章》。它与秦汉以后的法律，颇有相当的渊源和关系。

在这一个时期，法律思想也是特别发达。例如《管子·禁藏》

篇:“夫不法,法则治。法者,天下之仪也,所以决疑而明是非也,百姓之所悬命也。”《七法》篇:“不明于法而欲治民一众,犹左书而右息之。”《法法》篇:“虽有巧目利手,不如拙规矩之正方圆也。故巧者能生规矩,不能废规矩而正方圆。虽圣人能生法,不能舍法而治国。”这是发挥法治的必要的。《管子·七臣七主》篇:“明王见必然之政,立必胜之罚。故民知所必就,而知所必去,推则往,召则来,如坠重于高,如渎水于地。故法不繁而吏不劳,民无犯禁,故百姓无怨于上。”《禁藏》篇:“以有刑至无刑者,其法易而民全;以无刑至有刑者,其刑繁而多奸。夫先易者后难,先难者后易,万物尽然。明主知其然,故必诛而不赦,必赏而不迁者,非喜予而乐其杀也,所以为人致利除害也。”这是主张实行法治是要法立令行,不愆赏功,不乱赦罪的。

《商君书·定分》篇:“诸官吏及民间有问‘法令之所谓也’于主法之吏,皆各以其‘故所欲问之法令’明告之……故天下之吏民无不知法者,吏明知民知法令也,故吏不敢以非法遇民。”《韩非子·定法》篇:“法者,宪令著于官府,刑罚必于民心,赏存乎慎法,而罚加乎奸令者也。”又曰:“法者,编著之图籍,设之于官府而布之于百姓者也。”这是阐发法律必须公开、不可任令法吏操纵把持、因缘为非的。

《尹文子·大道》篇:“法行于世,则贫贱者不敢怨富贵,富贵者不敢陵贫贱;愚弱者不敢冀智勇,智勇者不敢鄙愚弱。”《商君书·刑赏》篇:“所谓壹刑者,刑无等级,自卿相将军以至大夫庶人,有不从王令、犯国禁、乱上制者,罪死不赦。”《韩非子·有度》篇:“法不阿贵,绳不挠曲。法之所加,智者弗能辞,勇者弗能争。”这是说法律应该不分贵贱,一律平等的。

《尸子》:“天下之可治,分成也;是非之可辨,名定也。明王之治民也……言寡而令行,正名也。君人者苟能正名,愚智尽情,执一以静,令名自正,赏罚随名,民莫不敬。”《韩非子·主道》篇:“言者,百事之枕也。圣王正言于朝,而四方治矣。是故曰,正名去伪,事成若化,以实核名,百事皆成……正名核实,不罚而威。审一之经,百事乃成;审一之纪,百事乃理。名实判为两,分为一。是非随名实,赏罚随是非。”这是说法律必须综核名实,才能够收为治的效验。

《慎子·君人》篇:“有权衡者,不可欺以轻重;有尺度者,不可差以长短;有法度者,不可巧以诈伪。”《商君·壹言》篇:“不法古,不修今,因世而为之治,度俗而为之法。故法不察民之情而立之,则不成,治不宜于时而行之,则不干。”《韩非子·用人》篇:“释法术而心治,尧不能正一国;去规矩而妄意度,奚仲不能成一轮。”这是说立法行法,都是要以客观为标准,而不能闭门造车、逕情直行的。

《管子·任法》篇:“圣君任法而不任智,故身佚而天下治。”《明法》篇:“使法择人,不自举也;使法量功,不自度也。”《慎子·君人》篇:“大君任法而弗躬,则事断于法。”这是说一切唯断于法,便可无为而治的。

《商君为·更法》篇:“法者,所以爱民也;礼者,所以便事也。是以圣人苟可以强国,不法其故;苟可以利民,不循其礼……三代不同礼而王,五霸不同法而霸。故智者作法而愚者制焉,贤者更礼而不肖者拘焉。”“前世不同教,何古之法?帝王不相复,何礼之循?……治世不一道,便国不必法古。汤武之王也,不修古而兴;殷夏之灭也,不易礼而亡。然则反古者未必可非,循礼者未足多是也。"《开塞》篇:"圣人不法古,不修今。法古则后于时,修今则塞于势。周不法商,夏不法虞,三代异势,而皆可以王。"《韩非子·心度》篇:"法与时转则治,治与世宜则有功。"《八说》篇:"处多事之时,用寡事之器,非智者之备也;当大争之世,而循揖让之轨,非圣人之治也。"这是说法律应有进化性,不可与时代背道而驰的。

上面所略举的,不过是当时法家中比较重要的一些法律思想。象这一类诠释法理、昌言法治的议论,就与欧美第一流的法学家言,对照参详,也可相互发明,并提媲美,何况这是两千多年以前的学说!我们很可引以自豪,难道说不应该发扬光大吗?

四　儒家学说对于历代法律的影响

春秋战国之际,本来是儒墨道法诸家并峙的时代,那一个时代,思想言论特别活泼。孔子、孟子虽先后都曾周游列国,和当时各国的君主贵族讨论过有关政治和社会的问题,但都没有得着行道的机会。较后的荀子,亦复如此。那时候各国的政治当局,往往以他们主张为过于迂远,不切实际。同时各家的学说好象博古证今,泛应曲当。所以各国的政治,并没有完全为儒家思想所支配。有的国家且推行和儒家理想根本相反的法治。象管子的治齐和商君治秦,是显著的例子。

到了西汉,高祖初入关时,以民间苦秦苛法已久,仅约法三章:"杀人者死,伤人及盗抵罪"。其后以三章之法不足御奸,乃由萧何捃摭秦法,作《汉律九章》。萧何原是一个有心人,按《汉书·萧何传》云:“沛公至咸阳,诸将皆争走金帛财物之府,分之。何独先入,收秦丞相御史律令图书藏之”。所以由他来“捃摭秦法”,取其宜于时的,制为法律,这对于他是很适宜的任务。

但汉初如文帝、窦太后等,颇倾向于黄老的无为之治(汉文帝在立法方面,有一值得注意的措施,即肉刑的废除。肉刑本起源于苗族之劓、刖、椓、黥,加杀刑合为五刑。夏改刖为膑,周时复改为刖。汉文帝十三年,依太仓令淳于公之少女缇萦之哀求,乃废肉刑,嗣又依丞相张苍等之奏议,修正刑制,改黥为髡钳城旦舂,改劓为笞三百,改斩左趾为笞五百,斩右趾为死刑。至景帝时,复有所减损,仅余宫刑。至隋始全行废除。肉刑经汉文帝废除以后,其后赞成回复及反对论者均各有其人。如后汉献帝时,崔实、郑康成、陈纪等均主张复肉刑,孔融反对之,卒未改。魏武又欲复肉刑,陈群等深陈其便,钟繇亦赞成之,王循不同其意,遂未行。齐王芳正始中,李胜主复肉刑,夏侯太初反对之,丁谧亦持反对之论。晋武帝廷尉刘颂又倡复肉刑之议。又东晋元帝廷尉展复上言复肉刑,尚书刁协等赞之,尚书令周顗等非之,王敦亦非之。安帝时,桓元又议复之,蔡廓赞之,孔琳反对之。故肉刑自汉文帝废除后,虽多有欲回复其制者,均因有反对论者,卒未果复。唯后世鞭、杖、笞之属,则直至清末变法,始行废除)。直到武帝,乃定儒学为国教,罢黜百家,表章六经。据《汉书·董仲舒传》:“自武帝初立,魏其武安侯为相,而隆儒矣。及仲舒对策,推明孔氏,抑黜百家。”《武帝纪》:“建元元年冬月,诏丞相御史列侯中二千石一千石诸侯相,举贤良方正直言极谏之士,丞相卫绾奏:‘所举贤良,或治申商韩非苏秦张仪之言,乱国政,请皆奏罢。’可。”从此思想定于一尊,学者都专门以研究《诗》、《书》、《礼》、《乐》、《易》、《春秋》为唯一重要的大事，于是两千年来中国的法律思想，完全是儒家的法律思想。

儒家的政治理想，是以德治、礼治、人治为主，而以法治为辅的。如《论语·为政》篇："为政以德，譬如北辰，居其所而众星拱之。""道之以政，齐之以刑，民免而无耻；道之以德，齐之以礼，有耻且格。"《里仁》篇："能以礼让为国乎，何有不能？以礼让为国，如礼何？"《子路》篇："礼乐不兴，则刑罚不中；刑罚不中，则民无所措手足。""听讼吾犹人也，必也使无讼乎！"《中庸》："文武之政，布在方策。其人存，则其政举；其人亡，则其政息。人道敏政，地道敏树。夫政也者，蒲庐也。故为政在人。"《礼记·礼运》篇："礼义以为纪，……示民有常。"《孝经》："安上治民，莫善于礼。"可见孔子理想的极致，乃是要达到德治、礼治的最高境地，到了那一个境地，法律的作用简直无足重轻了。

孟子以性善说为出发点，其言曰："以德行仁者王……以德服人者，中心悦而诚服也"，"人皆有不忍人之心。先王有不忍人之心，斯有不忍人之政矣。以不忍人之心，行不忍人之政，治天下可运诸掌上"。又曰："徒善不足以为政，徒法不能以自行……是以唯仁者宜在高位，不仁而在高位，是播其恶于众也。"又曰："无恒产而有恒心者，惟士为能。若民则无恒产，因无恒心，放辟邪侈，无不为已，及陷于罪，然后从而刑之，是罔民也。焉有仁人在位，罔民而可为也？"

荀子以性恶说为出发点，其言曰："礼起于何也？人生而有欲，欲而不得，则不能无求；求而无度量分界，则不能无争。争则乱，乱则穷。先王恶其乱也，故制礼义以分之，以养人之欲，给人之求"。又曰："圣人化性而起伪，伪起于性，而生礼义，礼义生而制法度。然则礼义法度者，圣人之所生也。"又《君道》篇："有治人，无治法……法不能独立……得其人则存，失其人则亡……君子者，法之原也。故有君子，则法虽省足以编矣；无君子，则法虽具，失先后之施，不能应世之变，足以乱矣。”

孔孟等这种推崇德治礼治、而以法治居于辅助地位的主张，当时虽然曾经大声疾呼，并没有发生什么影响。到了汉代，贾谊在高帝时，就有重德轻刑的建议。贾谊、董仲舒、路温舒等，和其后的一般儒者，又继续主张鼓吹，不遗余力。贾谊的《陈政事疏》、董仲舒的《贤良对策》、路温舒的《尚德缓刑书》，都是极力阐扬任德而不任刑、重礼而轻刑的理论。他们的主张，则在政治方面有过实际的影响。我们但看两汉有好些诏令，都是宣扬德治，便可知道。*

又如桓宽《盐铁论》《刑德》篇、《后刑》篇、《疾贪》篇、《申韩》篇、《周秦》篇、《大论》篇、《盛德》篇，刘向《说苑·政理》篇，班固的《白虎通德论》，荀悦所著《申鉴》、《汉纪》、《崇德》、《正论》，仲长统《昌言》等书，大都不外以德治、礼治为主，而以法治为辅。《史记·酷吏列传》赞序说，“法令者，治之具，而非制治清浊之源也。”《刑法志》也极力阐扬感化主义的刑罚，这些都是德主刑辅说得势的有力佐证。

董仲舒是汉朝的一代大儒，他首先以阴阳五行、天人交感及禁忌等说数，阐释法理。他的《贤良对策》及《春秋繁露》一书，很多这一类的议论，桓宽的《盐铁论》也有相似的论调。自此以后，阴阳五行之说，简直成了社会上普通流行的思想，几乎任何事物，都可附会为与五行有关。《古今图书集成·五行类》：“子复仇何法？土胜水，水胜火也。子顺父，臣顺君，妻顺夫，何法？法地顺天也。男

* 参见程树德：《九朝律考》汉律考，商务印书馆 2010 年，第 17—245 页。

不离父母何法？火不离木也。女离母何法？水流去金也。娶妻亲迎何法？法日入阳下阴也。”这样的说法，真有些想入非非。

其实，像董仲舒这类儒者，原意不一定出于迷信，大概是要王者法天、法自然，以主德行仁而慎刑罚，也就是节制“君权滥用”的意思。不期末流所至，阴阳五行禁忌之说，竟深入人心，而成为社会上牢不可破的一种流行见解。嗣后这一类理论渐渐纳入了法律的领域。

又因为《礼记·月令》篇说：“仲春之月……安萌芽，养幼少，存诸孤，命有司省囹圄，去桎梏，毋肆掠，止狱讼。”所以认为阳和之时，是应该轸念愍恤、施行仁政的。“孟夏之月……断薄刑，决小罪，出轻系。”后世的“热审”，就是以此为发凡。“仲夏之月……挺重囚，益其食。”“是月也……百官静事无刑，以定晏阴之所成。”在这时候，刑罚之事是应该静止不行的。“孟秋之月……命有司修法制，缮囹圄，具桎梏，禁止奸，慎罪邪，务搏执。命理（治狱之官）瞻伤（损皮肤）、察创（与疮同）、视折（损筋骨）、审断（骨肉皆绝），决狱讼，必端平，戮有罪，严断刑。天地始肃，不可以赢（赢有宽缓之意）。”“仲秋之月……乃命有司申严百刑，斩杀必当，毋或枉挠。枉挠不当，乃受其殃。”“季秋之月……乃趣狱刑，毋留有罪。”“孟冬之月……是察阿党，无所掩蔽。”这又是后世“秋审”和“秋冬始能行刑”的根据。

董仲舒对于法律，还有一件使我们值得注意的事，便是他的引经折狱。史称他的援附经谶折狱，至232事之多，这事对于后世也很有影响。虽律无正条者，亦尽可以《春秋》之例，断狱治罪，当时传为美谈，厥后牵强附会，深文周纳，流弊甚大。

要之，从汉时起，儒家的法律思想，已经在政治上、社会上占有绝对的优势，几乎法律内容的全体都受其支配。经过了两汉三四百年的时间，就愈加根深蒂固，非其他的势力所能动摇。继起的儒者，对于德礼和刑罚的见解，也大都大同小异，所以不但历三国、魏、晋、南北朝历代，虽各有法律的制定，而没有什么根本的变更，就是由隋、唐、五代，以至宋、元、明、清，也始终是一脉相承，保持这一个传统的精神。

我们现在无须更繁征博引，只要举几个重要的关键就够了。按《隋书·刑法志》谓："《记》曰教之以德……而始乎劝善，终于禁暴，以此志人，必兼刑罚。"《酷吏传》赞序谓："御之良者不在于烦策，政之善者无取于严刑。"又史称唐时天下初定，"太宗尝与群臣语及教化，帝曰：'今承大乱之后，恐斯民未易化也。'魏征对曰：'不然，久安之民骄佚，骄佚则难教；经乱之民愁苦，愁苦则易化。譬由饥者易为食，渴者易为饮也'"。当时封德彝颇有相反的见解，但帝卒从征议。又如长孙无忌等《唐律疏义》谓："夫三才肇位，万象斯分，禀气含灵，人为称首。莫不凭黎元而树司宰，因政教而施刑法。……德礼为政教之本，刑罚为政教之用。犹昏晓阳秋，相须而成者也。"

《唐律》的内容，很多沿袭《汉律》的地方。沈家本（1840—1913）《汉律摭遗》曾经列举其条文作为比较的研究。其《汉律摭遗·自序》有云："历代之律存于今者，唯唐律。而古今律之得其中者亦为唐律，谓其尚得三代先王之遗意也。唐律之承用汉律者，不可枚举，有轻重略相等者，有轻重不尽同者。试取相较，而得失之数可以证厥是非。是则求唐律之根源，更不可不研究夫汉律矣。"*

* 沈家本：《历代刑法考》下，商务印书馆2011年，第373页。

至于《唐律》对于后世的影响，则南丰刘孚京的沈刻《唐律义疏·序》曾说："下及宋元，承用不废。明太祖始更为《明律》，而本于《唐律》者甚多……故唐之有律，岂唯当时之制而已哉？三代之后，管理之法式未有逾此者也。吏不欲明法则已，将有精习律令、通知作法之意，以廷决庶狱，无使差舛，唯《唐律》为易明……盖余自释褐备官刑部，寻绎律意，四十年于兹。至于意有所不了，文有所不明，考之群书，遍及故牍，犹未晓彻，及求诸《唐律》，而后因革之迹，变通之意，昭昭明矣。大抵明以来所变革，虽因世为轻重，要其经常一当以唐律为断"。就沈、刘两氏所说以观，《唐律》的渊源所自，和其对于后代的影响，可以大概了然。

若就《唐律》各卷内容稍加检阅，即可发现所有规定大都与"礼"有关，就是纯粹的民事关系，违礼者也各有罚，可以说是"一准于礼，以为出入"，和"出乎礼者入乎刑"了。唐时除律而外，还有令、格、式三种。律从汉代以后，历代多为编纂，其有所违，及人之为恶而入罪戾者，皆断以律，盖即规定犯罪者所科刑罚之法典。令亦自汉代以后为历朝所有，为关于尊卑贵贱之等数及国家之制度，盖即各种行法令的法典。格始东魏之《麟趾格》，为关于百官有司有所常行之事，盖采就官司所执行之惯行法的法典。式则前后或称故事，或称科，自汉之品式以降，西魏有《大统式》，隋有《大业式》皆是，乃关于所常守之法以补缺拾遗为主，盖即规定官司所守式法的法典。这些工具，同样的是推行礼治。

再者，历代的所谓律，我们不可误认其范围为如今之刑法，例如《唐律》卷一名例，不仅为关于刑法之总则，同时亦为关于一般法律的适用法；卫禁、职制、厩库、擅兴，则属于行政法规；户婚属于民事法规；贼盗、斗讼、诈伪、杂律，乃可谓实质刑法；捕亡、断狱，则属于诉讼法规、监狱法规,及关于法官违法失职之惩戒法规。又如杂律之中,有属于行政性质者,如关于河防的规定是;有属于民事性质者,如关于钱债的规定是;有属于商事性质者,如关于市廛的规定是。可见所谓律者,乃包罗甚备之一种成文法典。而公私行为之有背于律者,又均各附有刑罚的制裁。*

《宋刑统》完全是沿袭《唐律》而定的,除了令、格、式以外,往后又有敕、编敕、条例、法、法度、断例、条贯、仪式、条约、条式、德音等名目,种类虽多,为治之道,仍然一贯是礼治化。元朝代宋而兴,法律仍受儒家思想的支配,孛术鲁翀《大元通制序》:"唯圣人之治天下,其为道也,动与天准;其为法也,粲若列星。使民畏罪迁善,而吏不敢舞智御人,鞭笞斧钺、礼乐教化相为表里。及其主也,民协于中,刑措不用,二帝三王之盛,尽于此矣。虽刑罚世轻世重,而士制百姓于刑之中,以教祇德,古之制也。"

明代洪武三十年更定的《大明律》,形式体裁,颇有进步。那一部更定的《大明律》,一共有30卷。《明史·刑法志》载称:"呈览的时候,太孙请更定五条以上,太祖览而善之。太孙又请曰,'明刑所以弼教,凡与五伦相涉者,宜皆屈法以伸情。'乃命改定七十三条……"入清以后,清乾隆时所编的《大清律例》,也大体是模仿明律而定的。所以说从两汉起,一直到满清末年为止,中国法律的内容,完全受儒家思想所支配,这是确切有据的。

中国的法律,不但在时间上绵延了两三千年,都有它一贯的体系,同时在空间上也有巨大的影响。日本学者仁井田陞(1904—1966)著《唐令拾遗》一书,序说中谓:"中国法律之影响,东至日

---

* 《唐律疏议》,刘俊文点校,法律出版社1999年。

本、朝鲜，南至安南，西至西域，北至契丹、蒙古”。桑原骘藏在其所讲《中国之古代法律》演讲词内亦谓：“自奈良朝至平安朝，吾国王朝时代之法律，无论在形式上与精神上，皆根据《唐律》。”鸠山和夫、板本三郎合撰的《日本法制一斑》文内，分日本法律发达的阶段为四个时代，第二期就是“模仿唐朝代，或谓《大宝律令》宣行的时代”，包括自日本文武天皇至后堀河天皇，西历 710 年（唐睿宗景云元年）至 1231 年（宋仁宗嘉定十四年）。[①] 原文有谓：“第四十二世文武天皇制定《大宝律令》，是为日本制法之始。《大宝律令》关于刑罚者曰‘律’，其关于制度者曰‘令’，大宝令多准于唐之永徽令。”

富井政章《法制史》略谓：“自神武纪元 1200 年代之末，至明治维新之时，凡 1250 年，为继受支那法之时代。其间所有成文法，多折衷于支那之法制而编成。”又谓：“神武纪元 1264 年（西历 640 年、唐太宗贞观十四年），厩户皇子取儒佛二教之旨，斟酌隋朝之法制，定宪章十七条，此为成文法之滥觞。当时支那文化之发畅已显著，故日本上流之士竞研究大陆之学，而图国家制度之改良。既知儒佛二教，绍受隋唐之法制，自是历世渐改旧时之不文法，而编定公私诸法。第三十六世孝德天皇之‘延喜格式’起，其后以第四十二世文武天皇之朝所撰定《大宝律令》之法律为最整备，后世守之。”由于以上的引述，中国法律对于东亚诸国的影响，也就可以概见了。“岂曰小补之哉”吗？

① 罗福惠等编：《居正文集》原校勘注：此处所谈时间多误。西历 710 年为唐睿宗景云二年，日本为元明天皇和铜四年，其时文武天皇已去位四年。而西历 1231 年非为北宋仁宗嘉定十四年，应为南宋理宗绍定四年，日本后堀河天皇宽喜三年。

五　重建中国法系的趋向

我国法律的"过去如何"大致已如上述。还有应该补充说明的，就是满清末年以至国民政府奠都南京以前这一时期中法律递嬗的情形。本来，从清代中叶起，中国法系就已呈现动摇倾覆的预兆。这是因为我们与现代的列强相遇，通商范围日渐扩大，我国人民与各国人民间的来往周旋既多，纠纷当然也随之而起；又因为彼此法律内容的各异，就引起不少龃龉，于是各国多不愿其在华的侨民受到中国法律之支配。那时满清政府也有一种"以夷治夷"的谬见，1858 年缔结之《中英天津条约》，便有"英国人民有犯事者皆由英国惩办"之规定，自是各国相率在我国内取得领事裁判权。迨义和团事件以后，清廷乃有改革法律的动机，光绪二十八年（1902 年）派沈家本（1840—1913）、伍廷芳（1842—1922）为修订法律大臣，至三十四年（1908 年）告竣，是为《大清现行刑律》。这一部刑律虽有不鲜的改革，但大体仍系沿袭大清律。又经冈田朝太郎（1868—1936）所起草之新刑律、松冈义正等所起草之民律第一次草案、及入民国后之第一次刑法修正案、第二次刑法修正案、民律亲属编第二次草案、第三次草案、总则编第二次草案、债编第二次草案、物权编第二次草案、继承编第二次草案暨其他民、刑特别法草案，或则仍旧因袭前此的礼治，或则完全继受他国的法律，东抄西袭，缺乏中心思想。这与当时北京政府的政治情形和统治者本身，当然很有关系。

现在我们可进而讨论"中国法系重新建立"的趣向，也就是中国法系今后“应当如何?”的问题了。但是重建中国法系这一工作,并不是说从今以后才应开始,实际早已开始在十余年前了。自从国民政府奠都南京,立法院成立,经胡、孙两院长的领导和先后立法委员的努力,在十余年的短期间内,已经完成了许多重要的法典。而且这些法典的内容,既不是因袭古代陈规,亦非继承外国法系,而是秉承国父遗教,苦心经营创造的。即偶有撷取各国之长,亦必详为折衷,期于尽善。这与以前好些草案盲目地继受外国法系,截然不同。

现在又因为我们在总裁领导之下,抗战八年有余,把日人侵略我国的迷梦完全击碎。我民族站在打倒侵略的最前线上,始终不屈不挠,使百余万日军陷于中国境内不克自拔,因而我同盟国家能腾出力量和时间,从容协力打倒东西两帝国主义者。我们的国际地位因此增高,百年来的不平等条约,乃能一旦废除,司法方面引为奇耻大辱的领事裁判权,也随之废弃。

在抗战期中,我们为适应事实的需要,曾制定若干特别法规。三十四年(1945 年)的开始,我们知道胜利行将来临,对于复员及战后法规之修订,不能不预作打算。司法院尝经呈准设立一讨论战后法规委员会,于司法院及所属最高法院、行政法院、中央公务员惩戒委员会,并由司法行政部指派高级职员若干人为委员组成之,就民、刑法规作一通盘检讨。历时一年,先后完成《复员时期民事诉讼补充条例》、《刑事诉讼补充条例》及《办理台湾民刑诉讼补充条例》各草案,又民法总则、债编、物权、亲属、继承,刑法总、分则及民刑诉讼法亦草成修正案,送由立法机关制定公布。关于民刑程序法的修正案,主旨在简化手续,便利人民;关于民刑实体法的修正案,主旨则在斟酌删补,使之更为合理化、完整化。其主要的用意，乃在归纳司法方面运用法律的经验，以供立法机关的参考。

至于论起重建中国法系的伟业，却不仅是从事立法或司法工作的一部分人的任务，而是全国学者、公教人员，甚至全国国民，都应该共同不断地努力的。何以言之呢？因为立法者固然要向着重建中国法系一个理想鹄的来从事立法，司法人员无论在解释法律、制作判例、运用法律或执行法律的时候，也应该时刻不忘这一个鹄的，才能无忝于其职责；但是，法律是经纬万端，现在的社会，人和事又是非常繁赜，关于宪法、行政法、民刑法和民刑特别法，及财政经济、会计、审计、教育、劳工等等各种立法，全国的学人，就不应该贡献其才智、以助成这一个鹄的么？又全国各部门及各级公务员以及市县办理自治的基层人员，又哪一个不是要遵照法律来执行公务和自治事务呢？就是全体国民，又谁不是生息于法律规范之内而须受到法律的保护和约束呢？这样切身的问题，我们岂容漠不关心？

复次须要郑重声明的"重建中国法系"一语的含义，决不可误会为"提倡复古"，而正是要以革命的立法，进取创造，为中国法系争取一个新的生命，开辟一个新的纪元。过去一般人每每认为，法律是有守旧性的，应该跟着社会已经发生和存在的事实，亦步亦趋，不应该站在社会和时代的前面去，使法律与事实相去太远。这种说法，当然含有一部分真理，但是不免过中历史法学派学说之弊，非所以语于我们这一革命建国的时代。因为，法律也是应该有进化性的，不宜使之停滞不前，而不寻求光明的途径，致使人民整个的社会生活也因之而受到不良的影响。

美国法律学者霍金氏，在他所著的《法律哲学现状》一书序文里曾说："尤其是在现时的极速的社会进步中，法律除了顾到历史和先例,更须顾到'现实的',更须顾到'可能的'和'正常的'"。霍金又说:"我们不能不顾历史,但也不能完全靠历史。"德国法律学者斯丹姆勒也说:"法律实质是为社会生活的法律规范,和适合人类社会的需要,及发挥人类的本能,不啻是社会革命的方法。"柯勒也认为,在变易中的任何已开化民族所有生活的每一时期,都具有他的"理想倾向"。我们现在是在革命建国过程中,我们对于未来的法律的"应当如何",当然也有我们的"理想倾向"。我们的"理想倾向"是什么?提供四端如下:

(一)由过去的礼治进入现代的法治

(二)由农业社会国家进而为农工业社会国家

(三)由家族生活本位进而为民族生活本位

(四)以三民主义为最高指导原则

(一)由礼治进入法治

过去我国法律中礼治的成分,几乎占100%,而且所谓礼治的内涵,又非常广泛,几乎全部的道德观念,都可纳诸其中。所以说"出礼则入刑"。结果所至,公法和私法的界限,完全混淆不清。这样的情形,继续了两千多年之久,朝代虽有更换,而这一个根本主义却没有什么变动,直到清末欧美法系侵入以后,才渐渐有所改变。礼治束缚过甚,这是中国法系近数十年最受人攻击的地方。从民国十七年(1928年)以后,新法典陆续公布,人民的生活,才算摆脱与时代相违的种种束缚,转向一个新的途径方面发展。国内有些知识分子,痛定思痛,憎恶过去的礼治,还常常猛烈地抨击,以为是不开化的象征;更有荡检逾闲的分子,以为吃人礼教,非绝对打倒不可。这些偏激的言论，我们不去理他，平心静气，切实体察，对于过去的礼治作一客观的、公道的研究和评判。

我们须知，礼治在过去曾经完成它在历史上的使命，我们不能够凭20世纪的眼光来抨击它的不合理。但是如果到现在还以为礼治与法治应该合而为一，甚至以法律为表示礼治之用，那却断断不可。何以言之？因为我们论断一件事，或是一个制度，不能过重主观，而完全忘却它的时代性和空间性。我们要是纯粹用现在的眼光来看，那么，无论哪一个国家过去的政治、法律、社会和其它一切制度，都有不少不合理的成分，而且有很多难于索解的地方。

单以法律而论，世界上所谓五大法系，印度法系和回回法系就含有很浓厚的宗教色彩，前者还有极严厉的阶级制度。罗马法系，是大家所认为最能分别权利、义务的观念的，但罗马法上关于人的规定，却有自由人与奴隶之分，奴隶在法律上的地位非常不堪，奴隶无家属、无财产、无个别之姓名，不能与自由人有同样之衣冠、不得为诉讼行为，可以说是等于自由人的"物"或"财产"。英美法系至今仍以判例法为基础，许多问题没有整齐划一的法典可据，而须求之于判例，至有"法院造法"之称，这在一般人看来，又何尝不是一大的缺点呢？

我们中国法系成文法典的成立，远在罗马《十二铜表法》公布之前，身分的规定，虽然也有过差别，但从没有像印度法系和罗马法系那样地严厉，至于宗教的色彩，更可说是绝无。虽有许多禁止的规定，都是出之于礼的观点，这是因为儒家的思想，一向就认为"天道远，人道迩"。全部的哲理，都是人生哲理和政治哲理。我们中华民族过去受这一法系的陶熔涵泳，绵延数千年而成为一个四万万五千万(450,000,000)人口之众的民族，到今天还能够自力更生，创造新的生命，足见过去以礼治为内涵的中国法系，并没有辜负我们。虽然现在看去有很多不合理的地方，但一如柯勒所见：历史并不是一种逻辑过程，它正含有很多的不合理和过失之处，无理和野蛮，永远伴着智慧和驯良。因一个时代有一个时代所认为的正义与合理，我们现在所认为"正义"或"合理"的，在以前的时代看来，也许正是"违反正义"或"不合理"。例如清末的新刑律，以我们现在的眼光观察，还不能算是很彻底的改革，但在当时已引起张之洞（1837—1909）、劳乃宣（1843—1921）等一般人猛烈攻击，结果，礼教论者终于获胜，原案不能不重加修正。过去那样地维护"礼治"，当然也有它的正当的估价。所以说"礼治"曾经完成了它的历史的使命，就是这个道理。

我们早已步入了革命建国的新时代，当然要以革命的立法，克服历史中不合理部分，建立一个法治的国家；但是我们对于所谓"礼"者，是否必须排除于社会规范之列呢？这一问题，便又很有讨论的余地。从前有好多读书人，一提到"礼"，便联想到《礼记》、《仪礼》及群经中之所谓"礼"。试稍一想，群经中所涉及关于"礼"的问题，何止千百条？不但在现在的社会不能适用，就是在过去又何尝一一见之实行？现在有很多人，又持一种恰恰相反的态度，一说到"礼"，便觉得迂阔，甚至以为这是封建和专制时代的遗迹，根本与现在的时代相反。殊不思所谓"礼"，并不是中国社会所独有，各个国家都各有其固有之"礼"。不过我国的所谓"礼"的范围，特别广泛，过去又将礼治纳入法律的领域，这是和其他各国所不同的。现在既实行法治，自然与以前异趣，所以私人间的行为，凡是与善良风俗、公共秩序相背的，只发生法律上"无效"和"撤销"的效力，而不是一一都受到法律的制裁了。按民法上所谓"善良风俗"、"公共秩序",若以从前的字样来诠释,也就恰等于"礼",所以"礼"就在现在也仍不失为社会规范之一,不过不一定附有法律的强制力罢了。

社会规范除了具有强制力的法律以外,还有道德、宗教、习俗和传统的生活方式等等。任何国家,决不能够单靠法律来治理,欧美各国的科学,发达到现在的地步,他们对于宗教,仍旧异常珍视。美国这次宣战之初,故罗斯福总统曾经一再宣称是为维护正义和平、民主制度、宗教自由和他所谓"吾人"之生活方式。美国政府当局,也有过同样的表示。

或者有人要问,何以维护宗教也是他们宣战主旨之一呢?我们要晓得,宗教在过去对于人类的智力发展、文明进步,固然有过许多阻碍,同时也有很大的成绩。欧洲在中世纪黑暗时期,暴君、贵族及教会支配了一切,到了文艺复兴以降,渐渐地改良进步。欧美人士,差不多个个人都受过宗教的洗礼,从宗教教义里面,养成了忠勇、诚实、博爱、服务等等许多良好信条,再配合上公民教育方面的一些训条,这两部分信条,就成为法律以外的社会规范之一部。这对于欧美人民的社会生活,确实是有很大的帮助的,所以科学尽管发达,宗教仍旧不废。

我们中国一向没有特别有势力、像欧美天主教、基督教那样的宗教,可是宗教自由,释道并存,而儒家学说巍然为人民生活思想之中心,彼此不相妨斗,甚至相容相成,这又是欧美人士所难以想象的。至于我们人民生活的信条,最大部分都是从儒家学说而来。"礼"之一字,广义言之,可概括很多的生活条件;狭义言之,则合"义"、"廉"、"耻"三者,而总谓之"四维",还有许多社会生活的信条,散见于群经之中,国父曾经归纳为忠、孝、仁、爱、信、义、和、平

“八德”。这“四维八德”，经过无数先圣先贤的阐扬，对于数千年来中国民族生活上所发生的影响与力量，无可比拟。有许多讲说，直到现在还与时代毫不相背，例如“孝”之一字，《礼记·祭义》篇云：“居处不庄，非孝也；事君不忠，非孝也；莅官不敬，非孝也；朋友不信，非孝也；战阵无勇，非孝也”。除了忠君一项，应该易为忠于国家、忠于民族、忠于职守而外，哪一项到现在不适用的？过去八年多的抗战，以至现在继续建国，我们不是要求全国从事公教各职的人员、文武将士及全国国民，为国家尽全忠、为民族尽大孝么？我们的战时军律、陆海空军刑法、《非常时期惩治贪污暂行条例》、刑法渎职罪章、公务员服务法以及其他惩戒法规的制定，其目的何一非蕲求各级文武人员忠于职守、所作所为都能合于礼义廉耻呢？其余如仁爱、信义、和平，又何一不是我民族固有的美德？

国父在《民族主义》第六讲里面诏示我们说：“大凡一个国家所以能够强盛的缘故，起初的时候，都是由于武力征服，继之以种种文化的发扬，便能成功。但是要维持民族和国家的长久的地位，还有道德问题。有了很好的道德，国家才能长治久安……我们现在要恢复民族的地位，除了大家联合起来，有了固有的道德，然后固有的民族地位才可以图恢复……讲到中国固有的道德，中国人至今不能忘记的，首是忠孝，次是仁爱，其次是信义，其次是和平。这些旧道德，中国至今还是常讲的，但是现在受外来民族的压迫，侵入了新文化，那些新文化的势力，此刻横行中国，一般醉心新文化的人便排斥旧道德，以为有了新文化，便可以不要旧道德。不知道我们固有的东西，如果是好的，当然要保存，不好的才可以放弃。”

总裁在《中国之命运》一书第一章，也指示我们说：“中国国民道德的教条，是忠孝、仁爱、信义、和平，而中国立国的纲维，为礼义廉耻。在这‘八德’和‘四维’熏陶之下，中华民族，立己则尽分而不渝，爱人则推己而不争。义之所在，则当仁不让；利之所在，则纤芥无私。不畏强梁，不欺弱小。积五千年的治乱兴亡，以成就我民族明廉知耻、忍辱负重的德性。唯其明廉，故能循分；唯其知耻，故能自强。”

我们现在施行法治，但这些为我民族生活信条的“四维八德”，我们不唯应该保持，还要发扬光大。所以这“四维八德”，当然为我们社会规范之一部。不过凡是不为法律所禁止的行为，虽然不尽受到法律的制裁，却须受到良心和社会舆论的制裁。同时如果各人都能确守这些纲维，那么，人我分际之间，以及接物处世，违反法律的事实，自然也就很少了。这样相互为用，才能辅弼成郅治。

于此，吾人还有一个希望，就“礼”之一字，不宜乎像从前那样的广泛无垠，无所不包，而应该确定它的新的内容。再则从前在专制政体时期，每更换一个朝代，常常要制礼作乐，我们现在实行民主政治，也应该有合乎这一个时代性和社会性的典礼习俗。国府奠都南京以来，历10余年，内忧外患，相继而来，这一项要政，至今还没有多大的成就。总裁业已注意及此，并经谕令主管机关，着手筹备。这一项工作，当然非常艰巨，匆遽之间，不一定就能臻于完善，不过我们很希望在相当时间内，能够逐步实现，俾全体国民有所遵守。

（二）由农业社会国家进于农工业社会国家

我国农业萌芽很早，《周易·系辞下传》第二章载称：“包牺氏没，神农氏作，斫木为耜，揉木为耒，耒耨之利，以教天下”。还有一篇《击壤歌》，相传是唐尧时代的，不唯证明那时已有农耕的事实，还表现出一个自由的农业社会。《尚书·禹贡》篇更将冀、兖、青、徐、扬、荆、豫、梁、雍九州的土质、田的等级和贡赋的种类，记载得非常的详细。《诗经》上也有好些歌谣，涉及到当时农业社会的情形和农产物品名。

因为数千年来都是以农立国，所以经济的演变与法制的维系，不离乎农业范围。《洪范》所谓农用八政，即谓一曰食；二曰货。《论语》孔子与子贡论政，也以足食为先，并且很早就注意到生产的增加和分配问题。如《大学》传云："生财有大道，生之者众，食之者寡，为之者疾，用之者舒，则财恒足矣。"《论语·季氏》篇云："不患寡而患不均。"以后历代，对于农业都非常注重，表示于行政和法令方面的，随在可见。一向虽偏于农业经济生活，大体颇为安定。直到近百年来，海禁大开，各国挟其工商业势力，先后侵入，藉着不平等条约的护符，实施政治的及经济的压迫，国民经济乃发生了剧烈的变动，驯至次殖民地地位。现在不平等条约已获撤废，今后国民经济生活发展的趋向，自非农业与工业同时并进不可。

国父手订的国民政府《建国大纲》第二条明白规定："建国之首要在民生。对于人民之食衣住行四大需要，政府当与人民协力共谋农业之发展，以足民食；共谋织造之发展，以裕民衣；建筑大计划之各式房舍，以乐民居；修治道路运河，以利民行。"同时，遗留给我们一个有系统的实业计划。这一个伟大的物质建设计划，无所不包，我们只要遵照着做去，自然可以造成一个富强康乐的国家。

但是国父所诏示的，只是一个远大的理想和计划纲要，如何使这理想和计划成为事实，就有待于我们持续不断的努力。说到发展农业经济，便有一个"平均地权"的问题要解决；说到发展近代工业,便又有一个“节制资本”的先决问题。这两个问题,我们姑且暂时不谈,留到下面再讨论。先就次要的事项说起:发展农业经济,就得着手整理耕地,促进农民合作事业,以次调剂农村金融及粮食产销、振兴水利、改良种籽、垦荒造林等种种要政,都须举办。还有如何设法救济荒灾及防止荒灾之发生?如何增进农民知识技能及精神上之修养?诸如此类的问题,不胜枚举。论到发展工业和工业经济,也同样有许多特殊问题,而非仅有详密的工业计划或原则所可收效。例如一切企业,何者应归国营,何者应留民营,国营者如何使之发展,民营者如何加以扶助,以及一般技工及专门技术人才,如何使之人尽其才、才尽其用、用尽其长,乃至一切生产分配,如何使之臻于合理化,如何能使彼此分工合作,地尽其利,货畅其流。这些问题,表面看来似甚平凡,实际解决却不简单。

再则时代是前进的,且不许我们有落后的趋势。就这里可以看出几点:(一)从前政府对于人民的经济生活,大都采取消极的放任态度,不加干涉;现在我们国民政府,既是“管理众人之事”的一个总机构,就必须积极地培养与扶助人民的经济生活,使之获得充分发展。(二)从前关于农工福利问题,各国政府大都漠视,自从社会主义发生以后,乃开始改弦更张,我们是实行三民主义的国家,当然对于农工的福利特别注意。(三)从前一般认为纯粹属于私法的事件,现在要使之与公共利益相合。例如,财产权以前被认为绝对权,现在则因直接或间接为公共役使而加于财产上的限制,已经变革其性质,并严限其绝对性,以便于公益。于是财产权利渐成为公法上的制度,不单是私法上的制度了。(四)从前法律大都偏重私人的利益,而忽略了团体的利益和社会的利益;现在则认为团体的利益,无论何处,应在私人利益之上。因此,我们的农业立法与工业立法，都必须特别置重于农业、工业的公共利益。

我们早已制订了一部《土地法》，不过关于推行地政，尚在着手准备的阶段；我们的《工厂法》、《劳资争议处理法》、《团体协约法》，也已先后公布。但为谋农业与工业之真正的发展，决不能以此为已足，仍须迈步向前，期其贯彻。再者，关于促进农、工业经济的发展，就算已有了完备的法令，倘然没有忠心努力、廉洁诚实的多数干部来肩起责任，切实推行，还是不能希望有很好的成绩。因为凡是有关经济事业的法令，人皆视为利薮，推行的时候，最易发生弊端，所以也最难收效。宋代变法失败的往事，便是一个很好的证明。王安石也算是一个卓越的政治家兼法律家，他所创的青苗、保甲、保马、均输、水利、免役、市易等新法，把农业、商业、治安、国防等都联系起来，非不法良意美，只为当时一般保守派人士都不和他合作，于是引用吕惠卿、章惇等一般小人，最后的结果，就不免于失败。我们现在要发展农、工业经济，规模之大，远非昔比，条理繁复，千头万绪，就是一个基层人员，也须有丰富的常识和服务热忱，才能胜任愉快。由此也可见，建立一个崭新的“中国法系”，决不止是一部分立法者的责任。

（三）由家族生活本位进入民族生活本位

我国社会组织，一向轻个人而重家族。《易·家人》系辞：“正家而天下定。”《大学》：“欲治其国者，先齐其家。”《孟子》：“天下之本在国，国之本在家。”家之所以占社会组织中之重要地位，一是渊源于古代的宗法，一是由于从来都是以农业经济立国。

家族本位既为我国社会特色之一，因之表现于法律者，随在可见。属于民事方面的，如婚姻制度、丧服制度、媵妾制度、宗祧制度及连带债务责任、禁止别籍异财等制度。属于刑事方面的，如复仇行为制度、亲属相容隐制度、族诛连坐制度、违反伦常加重处刑及因亲老废疾须负扶养义务而得减免刑之执行等制度。属于行政法方面的，如《周礼》所云之“五家为比、五比为邻”的乡遂制度；《管子》所云之“五家为轨、十家为伍”的征兵制度；《荀子》所云之“五甲首而隶五家”的纠发制度；《周礼·小司徒》根据土田分配而分家为上中下三等的制度；它如后世的户口、保甲、赋役等制度，往往以家为本位。

以上所举种种制度，若以现代眼光来观察，合理的固然不能说绝对没有，而不合理的就太多了。例如媵妾制度，有背男女平等原则；族诛连坐制度，因一家之内有一个人有罪，而连累很多的无辜，也太严苛。其余问题，无待深论。而且因为家族观念过重，所以只知有“家”，不知有“国”；只知有“家族”，不知有“民族”。流弊所及，社会国家反蒙其害。

欧美各国的法律，恰恰与此相反，极端注重个人主义，予个人以最大最可能的自由。《拿破仑法典》是集 18 世纪个人自由思想的一个结晶品。这一个法典，迅速地影响到各国的法律，流风所播，仿佛个人乃是最终的目的，社会简直是为个人而存在，只知道有个人的利益，而不知道有社会的利益。这种偏重个人主义的弊害，近年来也为大家所注意，而有了改革的趋势。例如契约自由，从前认为是一个无上信念，现在为谋劳动者与资本主义间的真正平等计，便代之以团体协约；财产权从前被认为具有绝对性质，现在则认为应使之社会化了。

由于上述的我国法系历来家族本位主义，与欧美法系个人本位主义的相互对照,我们可以得着一个认识,就是我国今后的法律,既不能够再因袭过去的家族本位,也决不可再去摹仿欧美的个人本位,而应该别谋所以创造中国法系之新生命。我个人觉得,就是欧美法律学者近年所创造的社会本位,都还似乎不很适宜,因为所谓"社会本位"范围究竟如何确定?如果指一省一市或一县而言,仍不过囿于一域。而且我们一向是一个统一的国家,凡是重要的法律,决不容许像美国那样的联邦国家一样,州与州之间,彼此有所歧异。再者依照《建国大纲》所定:一完全自治之县,虽有直接创制法律及复决法律之权,但其着眼之点决不能一以其本县的利益为依归。甚至属于地方性质的法规,亦决不可为本县的利益而妨碍邻县或他县的利益。另一方面,我们如果以"社会本位"为指全世界而言,那么,我们现在又还没有进入世界大同的境地,即如关于经济的立法,我们是一个产业落后的国家,便须酌量采取保护政策,而不能侈言自由贸易。因此,以所谓"社会本位"为扩充到全世界,衡之事理,也无所当。

然则应如何呢?我以为应该遵照遗教,创建民族生活本位的法律。质言之,即是一切法律,应以促进民族公共利益、发展民族生活为依归。国父在《民族主义》第一讲里诏示我们说:"我们鉴于古今民族生存的道理,要救中国,想中国民族永远存在,必要提倡民族主义……但是中国的人,只有家族和宗族的团体,没有民族的精神。所以虽有四万万(400,000,000)人结合成一个中国,实在是一片散沙,弄到今日是世界上最贫弱的国家,处国际中最低下的地位,'人为刀俎,我为鱼肉',我国的地位此时最为危险。如果再不留心提倡民族主义,结合四万万人成一个坚固的民族,中国便有亡国灭种之忧。我们要挽救这种危亡,便要提倡民族主义,用民族精神来救国。"《民族主义》第三讲又说:"民族主义这个东西,是国家图发达和种族生存的宝贝。"《民权主义》第二讲又说:"个人不可太过自由,国家要完全自由。"

国父的诏示,非常剀切明了。就是说,我们一方面不能像一盘散沙地自由,另一方面也不可以只知有家族而不知有国族。可是一直到现在,还有不少的人憧憬着欧美的"个人自由"。殊不思就在欧美各国,都已转变了方向,难道我们还去蹈人覆辙?总裁在《中国之命运》第六章内对此也有很精详的指示:"更就个人与个人的关系说,自由与法治是不可分的。我们中国是四万万五千万(450,000,000)国民共同组织的国家。我们的国家要求四万万五千万个国民之中,每一个国民都有'自由',所以必须规定每一个人'自由'的界限,不许他为了他一个人的'自由',而去侵犯别人的自由。这种自由,才是真正的自由。这种自由观念,我们建国时代,必须积极的养成,才可使我们每一个国民,都能享受他自由的权利。所以'自由'必须在法定的界限之内,方是自由。若出了法定界限之外,便是放纵恣肆。人人如可以放纵恣肆,必至于强凌弱,众暴寡;人人谨守法定的界限,始可以达到人人都有自由的境域。要人人都有自由的国家,才可以说是法治的国家。"又说,"不以个人的利益,妨害国家的公益;不以个人的自由,侵犯别人的自由。"

我们如果人人了解了这"自由"的真谛,当然不会只知有自私自利;明白了家族团体只是国族团体中的一个小团体,当然也不会只知有家族而不知有国族,或为家族的利益而牺牲民族的利益了。另一方面,家族在法律上还是有它的地位。例如,我们《民法·亲属编》关于"家"和"亲属会议",均各设有专章,不过不像从前那样采取家族本位罢了。

关于个人自由问题,我还得加以申说的是:我们虽然摒弃欧美的极端个人自由,但是在不违背民族公共自由和民族公共利益原则之下,每一个人,法律上还是容许其有最大的自由,并使之获得最大的发展。举一个譬喻来说,这好像奏乐一样,各种乐器的声响,翕然并作,高下抑扬,动中音律,相和而不相犯,相协而不相乱。个人在社会上的活动,也是如此,只要在法律范畴之内,每一个都能够发展其最善的自我,而无碍于社会的和谐协调。不特如此,而且正因为无数小我各别的最善发展,乃能完成理想的至善的大我。同时,法律的制定,则以民族公共自由和民族全体利益为其准则。必须做到这样,法律才算尽到了它应尽的职能。

说到这里,因此我们联想到国父的两个遗训:一是要我们"恢复固有的智能";一是"人生应以服务为目的","要立志做大事,不要做大官"。我们同胞的资质聪明,决不亚于各国人民,只是因为科学本来不发达,过去百年来,又丧失了民族自信力,所以智能便渐渐地衰减,尤其在自然科学方面,比起欧美各国来,简直望尘莫及。我们现在要建设一个新国家,必须恢复固有的智能,并且人人都要能贡献其能力于国家。单说初步实行实业计划,《中国之命运》一书,就经指出需要专门人才二百四十余万(2,400,000)人,这还只是就物质建设一部分打算,其他公私事业所需要的人才,一时还无法估计。

从前我们读书的人,都只有向"仕途"方面发展,否则便感有才无处用,就是圣贤,也是如此。孔子栖栖遑遑,始终没有得着"行道"的机会。孟子也说:"穷则独善其身,达则兼善天下",可见得不"达"就无法拯救斯民。范文正说:"不为良相,便为良医",算是另外看出一济世途径。我们生于现在这一个时代,知识的领域,比从前不知扩大了多少倍,我们现在又是一个三民主义的民主国家,法律给予我们以种种自由,从前专制时代所有的种种桎梏束缚,都完全解除了。只要能立志做大事,无往而没有不可以发展的康庄坦途,无往而没有不能为国家民族服务的机会。或者不向"仕途"方面发展,成就还可更大,比如牛顿、瓦特、巴斯德、爱迪生,这一些大发明家所给予人类的幸福,何等伟大!若以之与称霸一时的拿破仑相比,这些人都是建设的英雄,拿氏至多只能算是历史上一个破坏的英雄。像这次欲奴役人类、发动侵略战争并已自取灭亡的希特勒、东条之流,那就简直是人类的蟊贼了!

所以我们国人应该遵照国父遗教:"人人应该以服务为目的,不当以夺取为目的。聪明才力愈大的人,当尽其能力而服千万人之务,造千万人之福;聪明才力略小的人,当尽其能力以服十百人之务……至于全无聪明才力之人,也应该尽一己之能力,以服一人之务,造一人之福。"我们以民族生活为本位的法律,就必须针对着这一个大前提去做。一方面须培养与扶助全体国民智能的发展,另一方面须启导国民为社会服务之精神,并给予其机会。

(四)以三民主义为最高指导原则

前次世界大战时候的美国总统威尔逊氏,在他的名著《国家论》里面曾说:"凡法律非能通万国而使同一,各国皆有其固有的法律,与其国民的性质同时发达,而反映一国人民生存状态,并包孕人民政治的和社会的判断。"这一段话,有好几层意义:(一)一个国家有它的特有的历史风俗,法律必须与之吻合;(二)一国的法律,必为其人民生活状态的反映;(三)一国的法律,必蕴合其人民对于政治的和社会的判断。足见一国的法律,决不能以摹仿他国为能事,何况我们现在要重建中国法系呢?

我们是一个三民主义的民主国,三民主义是国父集古今中外的学说之大成,并就古今中外的政治法律等制度而发明的一个伟大崇高的主义。继往开来,承先启后。纵的方面,继承尧舜禹汤文武以来先圣先贤一脉相传的道统;横的方面,博采世界群哲的学说,更从而折衷斟酌之。例如民主制度,便可溯源于我们尧舜时代的公天下。孟子是一个热烈民权论者,在他那一个时候,便发出"民为贵,社稷次之,君为轻"的呼声。民族主义,是从我们历代的王道主义寻绎而出。民生更是人类历史的重心,不过从来没有为人所发现。国父天纵英哲,困心衡虑,归纳而为完备而有系统之三民主义。三民主义是我们中华民族今后建国的大宝典。我们重建中国法系,必须奉为最高指导原则。

关于民族主义,在"进入民族生活本位"一节里,已经有所论及,现在只就民权主义、民生主义两部分略加申说。

讲到民权主义,大家都记得国父所诏示的一个重要原则:"权和能要分开"。政府要有"能",人民要有"权"。因此,中央政府的组织,是要五权分立。但是国父在那时候曾经和一个中国在美国留学的法学博士及另外一个日本法律博士谈到五权宪法,他们竟都不懂。国父曾经感慨地说:"现在虽然没有人懂得,年深月久,数百年或数千年以后,将来总有实行的时候。"

现在我们经遵照遗教,实行五权分治。监察、考试两权,是国父所新创制而为我国民政府所特有的,成立10余年来,已有不少的成就。关于监察权行使方面,早已制定了《弹劾法》,后来又厘订了《非常时期监察权行使暂行办法》，前者注重弹劾，后者注重纠举，各监察区也先后成立了，还有监察权重要部门审计制度，也已完全确立。考试院近年推行考铨制度不遗余力，关于考试和铨叙法规，陆续公布的很多，过去举行过若干次各种性质、各种种类的考试，甄拔的人才，已有相当的数额。到了实施宪政，考试的范围将及于一般公民。这两个制度明试以功，可以说是确立了。这两个制度的试验成功，也可以说是五权宪法已经事实屹立于世界各国的三权宪法之中（因为实际上我们现在尚在实行训政时期约法，宪法尚未公布）。

关于人民方面的选举、罢免、创制、复决四权，约法虽已有相当规定，但尚未开始实行。推行这四个权，不知道还需要厘订多少法规和详细办法，而且也不是单有法规和办法就够了的，必须人民能够充分运用和行使这四个权，然后民主制度才算确实确立。我国教育尚未普及，智识显有差等，真正行使四权，是一件很不容易的事。

因此，我们很希望凡是研究法律、懂得法律或是担任各级公职、推行法令的人，以及全国知识分子，都应该自动地肩荷对于民众的法律教育的责任。因为人民的知识程度既有不足，遇到行使选举权、罢免权的时候，固然很容易被人操纵利用；而创制、复决两权之行使，则尤成问题。须知创制权是人民要做一种事业，要有公意可以创订一种法律，或者是立法院立了一种法律，人民觉得不方便，也要有公意可以废除；复决权是立法院若是立了好法律，在立法院中通不过，人民可以用公意赞成来通过。试问这样创法、废法的大权都交给了人民，人民如果没有相当的法律知识，也不了解三民主义的真谛，对于社会的静和动的现象，也没有相当的认识与远见，如何能够运用和行使这创法、废法的大权呢？所以说重建中国法系，决不是少数人的责任，而是我民族共同的责任。

其次，我们要就民生主义方面的平均地权、节制资本两大方案，稍一申述。这两个方案是民生主义中的骨干，民生主义又是三民主义整个体系中的骨干。过去因为内忧外患接踵而至，我们未及实施这两个重要方案，以致抗战期间，粮价及一般物价相继上涨，形成战时经济上巨大的波动，影响人民生活至巨，甚至抗战胜利后的今天，情形依然如故。欲谋根本解决，必须切实实行遗教，着手于平均地权及节制资本两大政策实施。

以言平均地权，自是一个极端重要的问题，也是我国两三千年来欲解决而未能解决的问题。井田制度，早已没有详细的考证，土地私有，豪强兼并，地主坐享其成，真正的农民终岁劳动不得温饱。汉代董仲舒便有“限民名田”之议，王莽也曾试行“王田”之法，西晋曾有“占田”之制，北魏、北齐、北周及隋、唐，又因袭之而有“均田”、“私田”、“班田”等制度，结果都没有什么成绩。宋代以后，认为井田制度卒不可复，限制政策遂根本放弃了。像宋时的“方田”制、金元的“区田”制及“经理法”，不过着眼于税收之增加；至于明、清的“垦田”制度，及历代的“官田”制度，那更实行公开侵占，绝非谋地权之平均和农民生活的解决。平均地权既是历来没有解决的一个最重要问题，国父所诏示的平均地权具体方案，又是历来从未考虑到的最完善办法，我们以实行三民主义为职志的革命政府，必须尽速厘订法律，切实推行，无论遭遇到何种的困难与障碍，都要毅然予以排除，以期贯彻。

至于节制资本，那就没有像平均地权这样的困难了。因为我国本来没有大富阶级，只有大贫与小贫之分，但这一政策的实行，仍不容稍缓。因为有不少奸商，利用过去抗战机会，囤积物质，操纵金融，已经渐渐地拥有较多的资本，一跃而为富翁，至今掌握游资，到处作祟。现在战事既已结束，今后各种产业的发展，自是必然的趋势。若是事先不谋所以节制之法，等到资本制度形成了，再来实行节制，就不免事倍功半。

再者，节制资本，并不止于抑止私人资本的过度发展，同时还须发展国家资本。发展国家资本，就须由兴办国营事业及公营事业入手。我们现在国营及公营事业的范围，规模还不很大，但就一般情形观察，每每不能获得预期的成效。其所以致此，或者是由于法令尚有欠周密，或者是执行的干部还有欠健全。我们要遵行遗教，大规模地兴办国营及公营事业，以发展国家的资本，一方面展开对于人民福利的工作，如《建国大纲》第11条所定："土地之岁收、地价之增益、公地之生产、山林川泽之息、矿产水力之利，皆为地方政府之所有，而用以经营地方人民之事业，及育幼、养老、济贫、救灾、医病与夫种种公共之需"。再如第12条所定："各县之天然富源以及大规模之工商事业，本县之资力不能发展与兴办，而须外资乃能经营者，当由中央政府为之协助。获之纯利，中央与地方政府各占其半。"关于这类的事业，真不知道需要若干的努力，来缜密地厘定法规，来分门别类执行这些计划和法令。

六　结论

总之，我们前提要重建中国法系，今后一切法制、法规、法令、法例，凡可以形成法律者，无论在创法方面，或执行方面，或读法方面，或解释法方面，不仅以贯彻三民主义为要旨，且必须以三民主义为最高指导原则。

所以者何？三民主义为国父所首倡，是本诸我国先圣先贤传授心法、种族哲学、政治哲学、经济哲学，融贯而成的法律哲学。考诸三王而不谬，亘诸天地而不悖，质诸鬼神而无疑，百世以俟圣人而不惑。推而放之东海而准，推而放之西海而准，推而放之南海而准，推而放在北海而准，此非我辈私言，天下自有公论在。

试观最近事实。二次大战以后，世界有识之士，深慨夫国与国间之冲突日烈，几无些许安全可言。只此可见三民主义，如日月经天，江河纬地，其精深博大，自有如遗训所昭示“三民主义，吾党所宗，以建民国，以进大同”之实现日期在。

《记》曰：“作者之谓圣，述者之谓明。”我们要重建中国法系，亦述而不作之意。愿我法界有志之士，共同奋斗，继续努力，使中国法系弘扬于世界，中华民国永蒙无疆之庥。*

* 原载《为什么要重建中国法系》，大东书局 1946 年 9 月初版。

第四篇 宪法上之权与能

一 引言

国父曰:“唤起民众,共同奋斗,继续努力,以求贯彻。”我们对于国家每一创作有关事件,应该拳拳服膺这句话,尤其外人訾我人只有三分钟热度,更应该不断地切切思思,以雪此耻。然而我们往往不知不觉,蹈着闭门造车、浅尝辄止的毛病,说不上共同奋斗,继续努力。比如本年“五・五”以前,大家轰轰烈烈,关于研究宪政宪法问题,座谈著论风起云涌,很像唤起民众,共同奋斗。“五・五”以后,渐渐冷静下来,其冷静的原因,我们摸不着头脑,姑勿深论,总觉得继续努力,以求贯彻,尚未到底。所以,我不自揣,又从近于冷落时间,提出一个宪法上之权与能的问题,略加论述,促成大家注意,并愿接受批评。

二 权能之分划

在专制政体下,一切政权治权均操之于君主,盖其观念既以为“朕即国家”,则权与能自无分划之可言。即在近代一般民主政治国家，也注意到"权"的问题，而未尝措意于政府的"能"的方面。我们若将各国宪政的沿革稍稍回溯，便可窥出这一个显著的事实。例如以宪政发达最早的英国而言，自1215年英王约翰颁布的《大宪章》(*Magna Charta*)，至1628年查理士第一承认的《权利请愿书》(*Petition of Rights*)，及1689年威廉王承认的《权利宣言》(*Bill of Rights*)，其内容都不外减少政府对于人民的压力，也就是逐渐削减政府所有的"权"，而非着重于建立一有能之政府。其后法国对于1789年8月26日所发布的《人权宣言》，及美国革命时代所发布的《权利宣言》，大抵均偏重于人民自由平等诸权利的保障。这一类个人自由平等理论的根据，近之系由于18世纪个人主义思想的抬头，及由是而产生之自然权利说、社会契约说，以及最大多数的最大福利的功利主义说，为之先导。凡此诸说，可以洛克、卢梭及康德三氏为代表。溯其滥觞，则由于17世纪密尔登所创导之个人主义思想，及渊源于希腊之自然法思想，与罗马之自然法的法治观念。要之，均不外在使个人自由得到法律的保障，并获得充分的发展。易言之，也就是只着重在人民的"权"方面。至于政府方面三权分立的政治原则，虽确立于美宪，实则不无因袭英国宪政成例之处。英国这种成例的由来，大都由于逐渐形成的形态，初非全部有意为之。英国之治政治史之学者尝谓英国政治制度演进至于目前之情状，乃由于"智慧"与"偶然"之结合。所谓"智慧"，自系指殚思竭虑的设计而言；所谓"偶然"，则系指因政治及社会情势的变迁，为应付环境而逐渐形成的制度而已。迨经学者间指陈英国之政制为立法、行政、司法三者界限分明，其后各民治国家乃均特意模仿而参酌之，以为政府权力制衡之原则，实际却都仅注意到人民方面的"权"，而忽视了政府方面应有的"能"。甚至怕政府方面过于有“能”，因而伤害到人民的“权”，所以一方面希望有一个万能的政府，完全归人民使用，为人民谋幸福，同时又怕得到了一个万能的政府，而没有方法去节制它。

国父高瞻远瞩，看出近代民治国家民权在表面上虽然很发达，事实上人民大都只有一个选举权，其政治组织虽然标榜三权分立的原则，也绝不算是最完美的制度，认为“权”与“能”二者应该明确的分划。《民权主义》第六讲曾指出：“欧美现在实行民权，人民所持的态度总是反抗政府，根本原因就是权和能没有分开。中国不蹈欧美的覆辙，应该要照吾所发明的学理，要把权和能划分清楚。人民分开了权与能，才不致反对政府，政府才可以望发展。”又因学者间对于政权、治权等之观念每多模糊不清，尤足使一般人不易了解，于是于《民权主义》第六讲予以极浅近明白之界说，说明：“政是众人之事，集合众人之事的大力量，便叫作政权，政权就可以说是民权。治是管理众人之事，集合管理众人之事的大力量，便叫作治权，治权就可以说是政府权。”于此可见国家政治组织的唯一原则，乃是要使人民有权，政府有能。惟其有能，才能够肩起责任，替人民做事，替人民谋幸福；惟其有权，才能够监制政府，使其不能为恶，使其不敢违法失职。欧美各民治国家对于权能调和的办法即未达到理想的境地，我们现在建国，就不应一意模仿欧美，而应遵照国父遗教，使权、能二者均能保持平衡。

三　有权无能与有能无权之弊害

我们盱衡往古，环观近代，凡是一个时代，权能能够调和得最适当，其政治辄能发生积极的作用，发挥最大的力量。专制时代，政权、治权集于君主一身，如果遇到一个有为的君主，能够在“选贤与能”方面认真注意，往往能开创一个新的局面，称为治世。吾国儒家政治理想特重人治，也就是深深认识治国的责任是应该由有能的人来肩负。过去政治事务简单，犹且如此注意政府的“能”的条件，则在今日之需要专家政治，需要给予充分之权力与机会，使操治权者得以发挥其能力而为众人服务，自属当然之要求了。

事势的要求虽如此，但一查各国之政治组织，非偏于有权无能，即偏于有能无权，究其弊害，殆属相等。例如战败前之法国，政治腐败，人民骄奢淫逸，战事已临国门，犹斤斤于八小时工作时制之不可更改，谓增加工作时间，即系剥夺人民的权利；更因其政治组织向欠稳定，小党林立，内阁素称短命，往往一年之间，数有更迭，所以执政的人大都只能因循敷衍，勉强应付，放手做事竟不可能。如欲大刀阔斧，采行某一政策，则甲党以为是者，乙党或以为非；乙党以为然者，他党或又从而反对。在这种情况下面，纵有伟大的人物，也不克展其所能，以为国家服务，结果竟是人为地造成政府的无能，政治效能因此也就自然而然地减低了。自从第一次大战以后，法国对于国防设施，除了建设消极性的马其诺防线而外，很少积极性的作为。战端既起，一切措手莫及，直至最后关头，政党尚在角逐政权。贝当等籍隶王党，一握政柄，即谋屈服，于是此赋性活泼、爱好自由之法兰西民族，竟被压于纳粹铁蹄之下，而丧失其所宝贵之自由平等。论者有谓法国此次战败，仅由于其政治腐败，与其政治制度，绝无关系，此种持论，殊不尽然。盖因法兰西民族只知注意到个人自由和权利，根本就没有注意建设一个有能的政府，所以一遇到惊涛骇浪，便不免于覆舟灭顶之祸。其实不但法国如此，其他民治国家的政制，也有类似法国的偏于有权无能的。这样自由太过，竟是等于无政府。正因有这样的情形，有些国家的政治就走向刚刚相反的倾向，纳粹德国就是一个绝好的例子。希特勒秉政之初，便由人民总投票，将议会的权力暂时停止，经那一次总投票以后，德国的人民简直将民有的政权完全放弃了。希特勒大权在手，为所欲为，对内则以高压手段实行专制，对外则撕毁盟约，实施侵略政策。从重整军备起到掀动大战的初期，纳粹始终握着侵略的主动，英法等国处处落后，连应付都来不及。六个星期的战斗，摧毁了强大的法国，一个短时期内，欧洲10个国家都被灭亡，真是喑呜叱咤，踌躇满志。若论纳粹政府的能力，可以说是发挥到了顶点，但因人民已经没有政权，无法节制和监督政府的治权，纳粹政府妄用其能，以对内专制，对外侵略，终于不免要将德意志民族引入坟墓，这又是有能无权的一个实例。这两个相反的形势——有权无能与有能无权——所可引起的弊害，国父看得最清楚，诚如五权宪法讲演中之所昭示："政治里面有两个力量，一个是自由的力量，一个是维持秩序的力量。政治中有着两个力量，正如物理学里头有离心力和向心力一样，离心力是要把物体里头的分子吸收向内（外）的。如果离心力过大，物体便到处飞散，没有归宿，向心力过大，物体便愈缩愈小，拥挤不堪，总要两力平衡，物体才能够保持平常的状态。政治里头的自由太过，便成了无政府，束缚太过，便成了专制。……兄弟所讲自由同专制这两个力量，是主张双方平衡，不要各走极端，像物体的离心力和向心力互相保持平衡一样"。我们感念到遗教的伟大深切，和以上信手拈来的两个有权无能、有能无权的实例，更应该认识到我们今后建国应该采取如何的方式，以谋权能二者之调和，而不再蹈人家的覆辙了。

四　权与能之合法运用

权能不平衡的弊害，已如前述。然则我们应如何以求其平衡呢？此一问题，仍应分为两方面来讨论：一为如何使政府有能，一为如何使人民有权。说到如何使政府有能，我以为我们在制度上及运用上，须注意于下列三点之实现。

第一，五种治权之行使，必须能切实分工合作。查《国民政府组织法》第八条原规定“国民政府以五院独立行使行政、立法、司法、考试、监察五种治权”。三十二年（1943年）九月十五日修正公布之条文，则将“独立”二字易为“分别”。无论为独立、为分别，要皆置重于治权之分工。《五五宪草》虽无同样明文，然第55条规定“行政院为中央政府行使行政权之最高机关”，第63条、第76条、第83条、第87条规定立法、司法、考试、监察各院为中央政府行使立法权、司法权、考试权、监察权之机关。是其立法精神，与现行国府组织法之注意“治权分工”之原则，可谓并无二致。在以前君主时代，君主总揽万机，一切治权不肯假手于人，以为必须如此，乃能致其君权于巩固的地位。史称秦始皇之治官书，“至以衡石量书，日夜有呈，不中呈，不得休息”。当时秦始皇虽然并吞六国，统一天下，但当时政治事务，远不及近代之繁琐，以秦始皇政治才具的卓越，尚不免如此竭蹶，若在现代，就是再聪明睿智的人，也不能一手包办如许政治事务，且亦不能容许以一人而总揽一切治权。若其如此，则只是法西斯蒂的一权政治，实无异于专制。同时五权政治的原则，亦非如欧美三权政治之着重于互相牵制、互相制衡，乃在使中央政府的五个治权机构，各于法律所赋予之职权内，充分发挥其政治效能，以达成管理众人之事的大目的，以建设一富强康乐之国家。质言之，也就是将经济学上“分工”、“合作”两大原则，运用到政治方面，以造成一个具有伟大政治力量的政府，推动一切物质上和文化上的建设事业，为全体的人民谋幸福。我们在训政时期，曾厘定一个治权行使之规律案，主旨即在促进五院间之分工合作。惟自国府成立以还，内忧外患，相寻而至，又遇到一个史所未有的侵略暴敌，直到现在犹未能完全脱离军事行动时期，因之事实上不能不有一些因时制宜、适应环境的措施，但俱以极审慎之态度出之，期无背于治权分立与合作的原则。抑 10 余年来训政时期之政治经验，可供将来宪政时期借鉴之处甚多，其间何者应加创建，何者应加修正，庶五种治权能达真正分工合作的境地，胥有待于切实的检讨。

第二，遂行计划政治与专家政治。计划政治和专家政治，已经成为现代政治上普遍的需要，其实不但现在的国家需要实行计划政治和执行政务的专门人才，即在过去，何尝没有同样的需要？就计划政治而论，例如一部《周礼》就是周代政府一部完备的组织法规。当时设官分职的缜密，可以概见。这部书虽然有人疑为伪书，但可以断定绝非出于凭空臆造，与当时的制度，要不能谓为绝无关系。又如封建制度固然是一种过去的遗迹，但当时由王畿以至于侯服、甸服、要服、荒服，地域的划分，幅员的广狭，以及财赋兵制等等，俱有致密的规定。这些封建诸侯，并各负有外捍夷狄、内屏王室的义务。我们也可以说这种封建制度，也就是当时的一种伟大的计划政治及国防建设。周室对于这一制度建立得非常完备，所以能够历年八百，虽衰而不即亡。又如就专家政治而论，古代亦未尝无此概念。孟子谓:“劳心者治人,劳力者治于人。”近年断章取义的人们,对于此语,每肆讥评。其实,孟子是两千多年前最了解分工合作原理的先觉者。计划政治和专家政治,过去犹如此重要,则在现代国家需要之迫切,自更毋庸赘言。苏联之所以能够抗拒纳粹侵略者,并能最后制胜,也就由于其政治建设、经济建设及国防建设的成功。而这类建设的成功,则由于自始就是有计划的建设,而不是头痛医头、脚痛医脚、枝枝节节的建设。自1917年十月革命以后,历时三年,削平内乱,1921年新经济政策实施,开始走上经济恢复的大道,一面从事于工业最基本之建设,一面大量培养经济人才。第一五年计划于1928年开始,于1932年完成,时间较预定提前一年,接着实行第二五年计划,第三五年计划。这三个五年计划的完成,不仅使苏联完成工业化,经济基础趋于巩固,同时也是政治建设与国防建设整个的完成。苏联在革命建国开始的时候,其工业基础比起欧美各先进国家,落后50年或100年。史达林号召其国人说:“我们应当在10年以内跑完这个距离。”苏联真在短时期内跑完这个距离了。我们现在抗战建国过程中,国父遗留给我们以建国的三民主义、五权宪法、建国大纲、建国方略等伟大计划和方案,我们应当遵照国父“迎头赶上”的遗训,以磅礴坚强的毅力,完成这些建国的计划。总裁也早经注意及此,在《中国之命运》中所提示之五项建设,尤其是我们未来计划政治之指导计划。总裁又经指出实行实业计划之最初10年中,即需要专家240余万人,连同中央政府的各部门,以及各级地方政府,真不知道需要多少具有专门知识和技术的人们来相助为理。像我们这样一个地大物博、尚未完全开发的国家,一旦由一个有能的政府遂行伟大的计划政治,才智之士真不患无用武之地;而且以四万万五千万

（450,000,000）人的共同协力来建设一个现代的国家，我们这个国家，将是一个怎样光明灿烂的前途！

第三，政权治权之机构必须界限分明。我们既需要建设一个有能的政府，我们的设计，就应该使掌握治权的政府机构，有足以负担其应负使命的权能，不可于五种治权机构外，任意创设其他治权机构。而政权机构与治权机构之间，尤须界限分明，各别执行其应有之职权，前者不得钳制后者之政权，后者亦不得侵越前者的治权。例如国民大会原为一政权机构，按照《五五宪草》第33条之规定，国民大会有如下之职权：（一）选举总统、副总统，立法院院长、副院长，监察院院长、副院长，立法委员，监察委员；（二）罢免总统、副总统，立法、司法、考试、监察各院院长、副院长，立法委员，监察委员；（三）创制法律；（四）复决法律；（五）修正宪法；（六）宪法赋予之其他职权。而第46条、第63条、第87条、第77条第二项、第84条第二项，又分别规定总统、立法院、监察院、司法院院长、考试院院长均对国民大会负其责任。国民大会具有如此的大权，总统、副总统、立法院长、副院长、监察院长、副院长、立法委员、监察委员之产生及去职，均操之于国民大会，司法院长、考试院长虽由总统任命，而国民大会仍可予以罢免。同时，国民大会复有创制法律及复决法律之权。在这种情形下面，还怕政府所做的事，不随着人民的志愿么？还怕政府的动作，不随时依照人民的指挥么？有些人却还主张于国民大会设置常设机关，俾于大会闭会期间，行使政权，或将立法、监察两院划为政权机关，而于国民大会设置立法、监察两委员会，于大会闭会时，分掌立法及监察职权。这种见解，实不免囿于欧美代议制度及三权政治的成例，所以始终跳不出那一个圈子。且其目光所注，仅在造成一个极小力量的政府，深恐政府权力过大,故必设为种种牵制以掣其肘。实际乃对于五权宪法的精义与权能平衡的道理,未能彻底了解与接受的缘故。我们认为《宪草》第31条,国民大会每三年召集一次的规定,固不妨更为斟酌,但若以为会期距离过久,而即于五种治权机构之外,创设其他类似治权的机构,或将治权机构的职权移之于政权机构,则断断不可。

其次,要论到如何使人民有权的一个问题。我以前曾经提出实施宪政,人民必须有健全的心理,且须注意国民经济与国民教育的发展,颇有人以为我作此主张,无异于延宕宪政之实行。我认为我这主张,只是卑之无甚高论的一种平凡真理,无可更易。因为人民如果没有健全的心理,则对于甲党乙党,举无所谓,操纵利用,可以随人,选举罢免,出之儿戏,创制复决,唯私是利,那还谈什么宪政?次之,国民经济如不能发展,人民不能保持相当水准的生活,则其对于宪政,将视为饥不可以为食,寒不可以为衣,漠然而无动于衷。又如全国文盲,始终任其占85%以上,连最低限度的民众教育都不能展开,那么,最大多数的人民,就根本不知宪法为何物,更何论遵守宪法与拥护宪法?结果岂不是人民自人民,宪法自宪法,两者终不能发生密切的关系,宪政基础,如何能期其牢固?

所以我认为以上三点,是实施宪政必备的条件,也是全国上下应以最大的决心,来努力共赴的。再则我们将来在宪政时期,运用宪法上所赋予的四种民权,必须以庄严审慎之态度出之,而不宜掉以轻心。因为四种民权的完全行使,乃是欧美各民主国的人民大都至今仍未获得的。依照《五五宪草》第三章的规定,国民大会既对于总统、副总统、立法院院长、副院长、监察院院长、副院长、立法委员、监察委员有选举权及罢免权,又对于司法院院长、副院长、考试院院长、副院长有罢免权，复有创制法律及复决法律之权，是其对于中央政府监制官吏及监制法律之权，均可谓完备无缺。同《宪草》第105条规定：“县民关于县自治事项，依法律行使创制、复决之权，对于县长及其他县自治人员，依法律行使选举、罢免之权”。第111条之规定：“市之自治……准用关于县之规定。”可知县民大会及市民大会对于县市政府，也和国民大会对于中央政府一样，有监制官吏与监制法律的大权。这四种民权完全赋予人民，我们的民权制度，便是“后来居上”，驾欧美而上之。国父曾经说过：“五权宪法好像是一架大机器，直接民权便是这架大机器中的掣扣。”又谓：“那末，在人民和政府的两方面，彼此要有一个什么的大权，才可以彼此平衡呢？……用人民的四个政权，来管理政府的五个治权，那才算是一个完全的民权机关，有了这样的政治机关，人民和政府的力量，才可以彼此平衡。”所以，这四个民权一旦完全行使起来，那就好比唐僧的紧箍咒，哪怕孙行者的本领再大，他却不能不听唐僧的命令。不过，这紧箍咒却要妥善地运用。比如选举权与罢免权的行使而说吧，与其频繁地或任意地行使罢免权，就不如在行使选举权的时候，加以审慎。上自总统、副总统、立法院院长、副院长、监察院院长、副院长、立法委员、监察委员，下至市县长官以及行使政权的国民大会代表，省参议会参议员，市县议会议员，都应选举适当而能胜任其事的人物。又如关于法律的创制和复决，不应仅就某一阶层、某一职业、某一地区或某一部分人的利益是图，而应着眼于整个国家及民族的利益。我们是一个后进的宪政国家，尤须人民能妥善运用政权，政府能妥善运用治权，彼此协力，造成良好的宪政风范，宪政前途才有光明之望。因为宪政本是长成而不是造成的，宪政条文是一回事，人民能否善为运用宪政，又是一回事。

英国是世界最先进的宪政国家，其数百年之宪典及宪政习惯，实较其成文宪草尤占重要成份。此类宪典和宪政习惯，就是英国人民和政府历来运用宪政的结晶，举国上下都是恪切遵守。英国的宪政基础，因此也就特别巩固。举一个近10年的事例来说，爱德华八世的去位，只是因为欲与一个已离婚而又出于普通门阀的美国妇人结婚，这在一个一向注重贵族血统并拘于守旧礼貌的皇室，是一件稀有的事例。富于保守性和绅士风格的英国社会，对于爱德华八世这一举动，都表示着惊异和注视。当时英国保守党领袖鲍尔温氏适任首相，以爱德华八世此举，与英国皇室婚例不合，极力反对。结果爱德华八世不得不逊去王位，而鲍尔温亦于数月后自动辞去首相的职务及保守党的党魁。这两个人的风度，都是史乘上的佳话。又如美国因为第一任总统华盛顿任满后，坚辞不肯继任第二届总统，华盛顿的用意，是要永垂一个良好的民主模范。自此以后，百余年来，未有连任总统至三届者，但是到了一九四〇年（1940年）的大选，正是世界侵略与反侵略战的重大时机，美国人民深知需要贤明的罗斯福的领导，终于毅然打破向例，选举罗斯福续任三届总统。美国人民以前能恪守向例和一九四〇（1940年）之毅然打破向例，都可以证明其能妥善运用民权。英美这两个国家之能妥善运用宪政，以及遵守宪法、维护宪法的精神，真足为我们将来运用宪政的借鉴咧。*

* 原载《中华法学杂志》第三卷第八期，大东书局1944年9月出版。

新旧译名对照表*

A

新译名	旧译名	页
阿奎那	Aquinas	29

B

新译名	旧译名	页
俾斯麦	俾斯麦克	17
柏拉图	百拉图	18
培根	倍根(Bacon)	8
	柏格森	8

C

新译名	旧译名	页
西塞罗	Cicero	29

E

新译名	旧译名	页
恩格斯	恩格耳斯	17

* 本表由王兰萍辑录。主要参考资料有新华通讯社译名室编:《英语姓名译名手册》、《德语姓名译名手册》、《法语姓名译名手册》,商务印书馆2009年出版。

F

G

H

K

M

S

P

Q

R

罗科	Rocco	25

T

托马斯	妥马斯	3

V

维多斯,费德罗斯	Verdross	41

W

乌尔比安	乌耳彭	3

Y

雨果·格老秀斯	胡戈格罗邱斯,格罗修士(Grotius)	
亚里士多德	亚里斯多德	18

居正先生学术年表*

1876 年(光绪二年)

生于湖北黄州府广济县灵西乡长乐里瓦城保安宁村居文胜塆。

1884 年(光绪八年)

8 岁以后,按居浩然先生著《先君行述》:"即在祖考宾虞公所设家馆攻读,督责颇严,时受杖责。"(下同)

1890 年(光绪十六年)

14 岁。"世交谓可应童子试,宾虞公欣然携之就道。岁丙申,院试榜首。次年岁科,复列一等。"

1901 年(光绪二十七年)

25 岁。"光绪岁辛丑,罢科举,设新学。明年,复科举,改制艺为策论,先君起应乡试,以试题有俄主专制美主共和英主立宪之语,非所素习,不获售。"

1905 年(光绪三十一年)

29 岁。东渡日本,入法政大学速成班。

1907 年(光绪三十三年)

31 岁。法政大学暑期毕业后,复入日本大学本科法律部。云南河口事起,即离日本加入前线。未几,河口兵败,乃变计往新加

---

* 学术年表整理者,山东大学法学院江照信博士。

坡，参与《中兴报》与《总汇报》笔战，甫一月，保皇派徐勤，战败而逃。

1908 年（光绪三十四年）

32 岁。时在仰光。按《梅川谱偈》所述："清光绪帝死讯到仰光，仰光商会中有巨商联名电袁世凯，拥立汉人为帝。余为文释之，民族主义固在复仇，而民权主义则在推翻专制、建立共和。故同盟革命，非立汉人为帝，即可了事。"（下同）

1910 年（宣统二年）

34 岁。由南洋返日本，筹组中部同盟会，负责湖北。暑假回上海，乘便回籍省亲。

1911 年（宣统三年）

35 岁。辛亥革命。《先君行述》："辛亥年正月，获黄克强先生自香港来信云：广州即将发动，嘱在武汉主持，结合新军，速起回应。先君既受克强先生之命，乃从各方面积极活动，二个月内，工作渐见开展，苦于资金不足，因有蕲州盗金菩萨之举，时为三月二十八日，而三月二十九日黄花岗之役作，亟返汉口，则广州之役已告失败。至是武汉进行益急，同志结纳日广，遍及新军各营，有一触即发之势。先君至沪，商洽筹购军械事宜，抵沪一星期，而八月十九日武昌首义事作，即将所购军械藏沙发中运返武汉，以八月二十三日抵汉口。时武汉军事胜负之局未定，且黎都督系义军挟之而出者，并无决心，先君乃定于八月二十五日在阅马厂请都督誓师。当由先君演讲同盟会革命之精神及创立民国之意义，大声疾呼，听众鼓舞。至是黎始下决心，并于二十七日遣兵渡江向汉口大智门车站张彪大本营猛扑，我军大胜，而后武昌首义之局乃告大定。其后各省响应，卒推翻满清，建立民国"。

1912 年

36 岁。临时政府成立，任内务部次长，代理部务。中国同盟会自东京移归南京，召开大会，当选为庶务兼司会计。

1914 年

38 岁。中华国民党开成立大会，受任为党务部长。

1916 年

40 岁。为积极讨袁，决组中华革命军，孙中山任其为中华革命军东北军总司令，统筹直隶、山东、山西革命军进行事宜。

1919 年

43 岁。以中华国民党更名为中国国民党，宣布成立，受任为总务部部长。

1925 年

49 岁。孙中山病逝北京，趋往北京奔丧。其后因党内有分裂现象，躬耕于宝山县杨行乡，不问政治者数年。

1931—1932 年

56 岁。始任司法院院长职。《先君行述》："民国二十年九一八事变，外侮日亟，同志力谋团结。南京、广东分别召开第四次全国代表大会，以第一次中央执监委员为当然委员，齐集南京，开第一次全体会议。先君当选为常务委员，并选任为司法院副院长。次年一月，以院长伍梯云先生辞职，先君奉命代理院长，同时依法兼任最高法院院长，迄三月，中央改组，准伍先生辞职，选先君为司法院院长，仍兼最高法院院长"。

1933 年

57 岁。创立行政法院。

1934 年

58 岁。司法行政部复归司法院，暂兼部长，将法官训练所移院办理。未几辞去兼部。署《三年来之最高法院》出版，该书附有居正演讲录数则。所著《司法党化问题》一文，初次发表在《中华法学杂志》第五卷第十、十一、十二号合刊，是为居正先生首次专文论述法学问题。

1935 年

59 岁。春季，视察鄂、湘、赣、浙、苏各省司法。九月，召开全国司法会议，倡立中华民国法学会。五月，所著《司法党化问题》一文，于《东方杂志》"司法问题"专题下重新发表。

1936 年

60 岁。朝阳大学改组校董会，推为董事长，改组、接收朝阳大学。九月，新编《中华法学杂志》，为书中华民国法学会纲领。于纲领后，加注曰："右本会纲领六则为第四次常务理事会议决议，本会之职责与使命及同人所应努力共赴者，具于此特录于本刊之首，愿与全会同人共勉之。中华民国二十五年七月国民政府成立十一周年纪念后三日"。是年，发表《死刑存废论》，《司法院在国宪上之地位》、《司法改造之三时期与最近司法之兴革》诸文。

1937 年

61 岁。七七事变，抗日战争爆发。是年，发表《法律与人生》、《民族复兴与法律》、《二十五年来司法之回顾与展望》、《十年来之司法建设》、《十年来的中国司法界》诸文。

1938 年

62 岁。发表《抗战与司法》一文。

1940 年

64 岁。发表《法治与建国》、《告全国司法界同仁书》诸文。

1942 年

66 岁。发表《法治前途之展望》、《收回法权之切要》诸文。

1943 年

67 岁。中美、中英签订新约，领事裁判权得以取消。发表《平等互惠新约签订之感想》、《宪政实施筹备刍议》诸文。

1944 年

68 岁。首次发表《中华法系之重新建立》一文于新编《中华法学杂志》第三卷第一期。发表《宪法上之权与能》、《法治与法律教育》、《战时法律研究之重要》诸文。

1945 年

69 岁。发表《中华民国法学会第三届年会献言》一文。

1946 年

70 岁。《为什么要重建中国法系》一书，由大东书局出版发行。发表《司法节献词》一文。

1947 年

71 岁。合著《司法工作之理论与实际》由大东书局出版。发表《无法状态》一文。

1948 年

72 岁。发表《法律哲学导论》、《法律哲学意义之商讨》诸文。

1949 年

73 岁。《梅川谱偈》一书出版。

1951 年

75 岁。在台湾去世。

先君行述

居浩然*

先君讳正字觉生，生于中华民国纪元前三十六年，即逊清光绪二年(1876年)。先世原出江西，明末避流寇乱，迁湖北广济，至祖考宾虞公，肇承世业，不辍耕读。祖母胡太夫人，系出名门，生先君伯仲五人，先君行三。不孝闻之庭训，先君甫六岁，拜族叔祖醴泉公入塾启蒙，初授三字经，渐及四子书。八岁以后，即在祖考宾虞公所设家馆攻读，督责颇严，时受杖责。年甫十四，世交谓可应童子试，宾虞公欣然携之就道。岁丙申，院试榜首。次年岁科，复列一等。光绪岁辛丑，罢科举，设新学。明年，复科举，改制艺为策论，先君起应乡试，以试题有俄主专制、美主共和、英主立宪之语，非所素习，不获售。乃东渡日本，入法政大学，至是始去辫易服，并习新学。即而与留东志士相交结，以陈肇一、田梓琴先生之介，由宋遯初先生主盟，入同盟会，得识总理于东京神田区，此为先君加入本党从事革命运动之始。

民国纪元前五年夏，先君毕业于法政大学，复入神田区日本大学本科法律部研究。时云南河口事起，即离日本，径往前线。行至香港，闻河口事败，乃转道赴新加坡，任本党《中兴报》主笔，与保皇党之

---

* 居浩然，居正之子。

总汇报笔战，大获全胜。住星洲五十日，仰光同志，邀往缅甸，创办《光华日报》，鼓吹新学，并组织同盟会支部。迨清光绪帝死，仰光华侨商会，曾有巨商联名电袁世凯，建议拥立汉人为帝，先君特为文辟之，中有民族主义固在推翻满清，而民权主义则在铲除专制、建立共和，故同盟会之革命运动不在立汉人为帝之语。居仰光时，曾不辞瘴疠，数入滇边，游说南甸、遮放、芒市、腊戍各土司，不果，折返仰光。保皇分子伺隙控于官，法官为缅人，不问情由即勒令出境，并命《光华日报》停刊。乃至星洲，又不获登岸，转德轮返抵东京。而原在东京之同盟会本部，自总理去美国，渐形涣散，赵伯先、宋遯初、谭石屏、林时塽诸先生，约先君聚议，加强组织。乃邀集各省留东京之分会长，开会决定，事权统一于总理，责任分担于各省干部同志，就长江以武汉为中心，建立中部同盟会，推先君担任湖北省工作。

民国纪元前二年返沪，旋经广济，潜入武汉。次年，即辛亥年正月，获黄克强先生自香港来信云：广州即将发动，嘱在武汉主持，结合新军，速起回应。先君既受克强先生之命，乃从各方面积极活动，二个月内，工作渐见开展，苦于资金不足，因有蕲州盗金菩萨之举，时为三月二十八日，而三月二十九日黄花岗之役作，亟返汉口，则广州之役已告失败。至是武汉进行益急，同志结纳日广，遍及新军各营，有一触即发之势。先君至沪，商洽筹购军械事宜，抵沪一星期，而八月十九日武昌首义事作，即将所购军械藏沙发中运返武汉，以八月二十三日抵汉口。时武汉军事胜负之局未定，且黎都督系义军挟之而出者，并无决心，先君乃定于八月二十五日在阅马厂请都督誓师。当由先君演讲同盟会革命之精神及创立民国之意义，大声疾呼，听众鼓舞。至是黎始下决心，并于二十七日遣兵渡江向汉口大智门车站张彪大本营猛扑，我军大胜，而后武昌首义之局乃告大定。其后各省响应，卒推翻满清，建立民国。

民国元年（1912 年），总理自美归国，各省代表齐集南京，开会制定临时政府组织大纲，先君为湖北省代表。选举总统，总理当选。先君任内务次长，代理部务，阅三月，随孙大总统去职。同年中国同盟会本部亦自东京移归南京，三月中旬，在南京召开大会，选孙公为总理，黄克强先生与黎都督为协理，先君任庶务兼会计。嗣后同盟会改组为国民党，本部移北京，而以上海为交通部，部长一职，由总理委先君任之。是年在沪纪念国庆，热烈为全国冠，系由上海交通部发动。

民国二年（1913 年），袁世凯遣人刺杀宋遯初，并于一日之间，免国民党四都督职，叛国阴谋益暴露，乃有二次革命之举。陈英士先生据沪为上海讨袁军总司令，先君为吴淞要塞司令，据吴淞炮台以与北洋海军抗拒者二十余日。卒以后援不继，被北军自江湾逼往嘉定，拟去南京再举，则南京已为张勋（1854—1923）攻下，不得已东走日本。总理有鉴于过去失败，认为党无统制力与团结精神，故本二十年革命经验，手订中华革命党章程，另立入党誓约。先君首先入党，宣誓服从总理，并于誓约下签名盖指模。迨开成立会，先君受任党务部长，兼经理民国杂志，常召开党员大会，讨论革命进行事宜，先君自谓生平精神愉快，无过于此。

民国五年（1916 年），为积极讨袁，决组中华革命军，总理任先君为中华革命军东北军总司令，统筹直隶、山东、山西革命军进行事宜。先君以正月抵青岛，集合所部，发给饷械。五月初出动，月中攻下潍县，复命所部攻略高密、诸城、昌乐、安丘、临淄、临朐、益都等城。是役中华革命军声威大振，北洋军阀为之震撼。未几袁死，各方罢兵，议重开国会，而北洋军阀余孽未尽，段祺瑞、冯国璋辈互起内讧。总理在上海宣言护法，召集国会议员至广州召开非常会议，组织政府，而扼于莫荣新、岑春煊辈，不果。

民国八年（1919 年），总理召集同志会议于上海环龙路四十四号，修订党章，以中华革命党更名中国国民党，本部设上海，先君任总务部长。并设军事委员会，先君兼军事委员。民国九年，粤军克复广州，桂军岑春煊等败退。总理回粤，由国会选举总理为非常大总统，重行执政，于民国十年五月五日就职。先君任总统府参议兼理党本部事务。民国十一年，总理以粤军第一师邓仲元师长被刺于广九车站，而免去陈炯明粤军总司令、广东省长、总统府陆军总长、内务府总长等职，并命先君继任内务总长。未几而六月十六日之变作，陈炯明以叛兵炮轰观音山，总理走海珠，登永丰舰，率海军戡乱。先君驻沙面办供应，阅一月又二十余日，江西之师回攻韶关不克，总理乃乘英军舰驶港换轮回沪，先君仍留粤办理善后。

民国十三年（1924 年）总理决心再度改组本党，额定中央执行委员 24 人，监察委员五人，由代表大会选举，以是年一月在广东师范学校开第一次全国代表大会。先君当选为中央执行委员，复召开第一次全体会议，任为常务委员，以容共一点政见不合，辞未就职，自粤返沪。次年闻总理病逝北京，乃趋往北京奔丧。其后因党内有分裂现象，先君躬耕于宝山县杨行乡，不问政治者数年。

民国二十年（1931 年）九一八事变，外侮日亟，同志力谋团结。南京、广东分别召开第四次全国代表大会，以第一次中央执监委员为当然委员，齐集南京，开第一次全体会议。先君当选为常务委员，并选任为司法院副院长。次年一月，以院长伍梯云先生辞职，先君奉命代理院长，同时依法兼任最高法院院长，迄三月，中央改组，准伍先生辞职，选先君为司法院院长，仍兼最高法院院长。

民国二十六年（1937 年）七七事变，倭寇入侵，烽火遍及江南。

国民政府迁都重庆，而于汉口设中央党部办事处，先君主其事。民国二十七年于武昌珞珈山开本党临时全国代表大会，修改党章，选蒋公为总裁，制定抗战建国纲领。七月中旬，经长沙、衡阳、桂林、柳州、独山、贵阳而抵重庆。嗣后留渝七载，对于全国司法，悉心筹划，培植人才，尤不遗余力。民国三十四年，胜利复员，重返京沪，极意辞卸司法院长职务。民国三十七年，第一届行宪国民大会集会于南京，选举总统，先君被提名为总统候选人，乃得辞去司法院院长，计在职凡一十六年又六个月。同年汉口市选为监察委员。

民国三十八年（1949年）春，徐蚌失利，先君犹独留南京，以陵寝所在，未忍遽离。迄四月上旬，始应总裁之邀，前往奉化，遨游山林，剪烛话旧，并遵总裁命自奉化来台。抵台未几，又以本党成立非常委员会至粤。时内地各城市危在旦夕，先君以古稀高龄，未居政府任何职位，仍不辞辛劳，罔计安危，奔走重庆、西昌、南宁各处，总期有以促进党内团结，共挽狂澜于万一。重庆沦陷，仍返台北。民国三十九年，本党改造，任中央评议委员。

综先君一生，为总理忠实信徒40余年，居恒以党为先，入盟之始，即不知有身，推翻满清，缔造民国，生平行事，不孝未能殚述万一，择其庭训所能忆及者泣述如上。先君自奉俭约，自迁来台湾后，代步多乘公共汽车，虽拥挤不堪，亦习以为常。儿辈稍有浪费，申诫不稍假借，他人或以为矫情，不孝固知之最切。先君和蔼敦厚，奖掖后人不遗余力，谋国之余，热忱提倡教育，民国二十六年（1937年）接掌朝阳大学，司法人才辈出。来台后虽在播迁之中，犹任淡江英语专科学校董事长，筹划立案，兴建学校，煞费苦心，嘉惠青年学子，数十年如一日。先君早岁习制艺，复掌笔政，晚年治佛学，以是文字另成一格，遗著《梅川谱偈》，是代表作，所记生平行事，多与党史有关。

一段鲜为人知的民国司法志

江照信

一

自中国发生近代法律转型以来，学者往往容易视中国在民初发生传统与现代的断裂，而断裂之彻底程度，似乎足以令今人可以无视传统而单单研究民国法。同样，在民国短短几十年内，民初法律史似又与民初以后的法律史产生断裂，学者至今尚未致力于梳理其中的联系。辛亥革命，志在共和，如居正先生所言："同盟革命非君主，不建共和誓不休"[①]。另一方面，中国在面临废约压力的情境下，逼使民国司法界成为一个有连续性并有凝聚力的整体，稳定与连续成为整个民国司法历史的特征，这种特征不因政府的变动而发生动摇。其中的原因，即是一个主权问题（向外废约与向内共和两个方面），民国历任政府不会在司法政策上犯任何的错误。在司法界，人物之间的不同只有急进与缓进的不同，而无性质上判然

① 江照信：《中国法律"看不见中国"——居正司法时期（1932—1948）研究》，清华大学出版社2010年。居正：《梅川谱偈》，载居蜜、陈三井合编：《居正先生全集》上册，第99页。

之区分。理解民国司法,应重在于思考历史的连续性,笔者认为民初与三四十年代同为法律民族化运动的两个部分,而非断裂的两个传统,其中连续性的建立,端在人物。因而,我们研究民国法律史不可纯以时间为界限划分司法进程的时段;相反,我们应尝试以人物为中心研究司法的进程。

居正先生便是这样一个人物,而在一定程度上可以认为:以"一段居正司法史",可理解"半部民国司法志"。1932 年 1 月 11 日,居正正式职掌司法院,至 1948 年 6 月 30 日卸职,居正任职司法院 16 年半,这正是民国纪年开始至北京政府时代终结 33 任司法总长任职时间的总和。按李公权所著《在台任职最久的司法部长》所言,"中华民国开国以来,历任司法部长……加以考查,计自民国元年(1912 年)元月元日起,由第一任伍廷芳(1842—1922)至 33 任罗文干(1888—1941),计 16 年又 6 个月 20 的时间,是北京政府时代,平均每任部长的在职时间,只有半年零一天不足:最长的一位是第五任章宗祥,在职两年四个月十天;最短的一位是第九任江庸(1887—1960),在职仅 18 天。都由于当时国事动乱,政局不稳使然。(1927 年)四月十八日,国民政府开始在南京办公,司法部长从第 34 任姚震起,至 46 任张知本(1881—1976)止,是由十六年(1927 年)六月二十日至三十九年(1950 年)三月十六日,计时只差三个月四天,就满 23 年,这段期间包括政府励精图治,招致日本侵华,八年抗战,……搬迁来台,而司法部长只有 13 任,平均每任的在职时间,约一年九个月,比起北京政府时代,长约四倍:最长的一位是四十四任谢冠生,由抗战到胜利,在职十年 11 月又 16 天,是民元以来司法部长最长的一位;最短的一位是第 39 任王宠惠

(1881—1958),在职仅一个月又11天"[①]。按此,在事实上,居正司法时期存在一个民国史上最为连续稳定的司法中央权威构成,即居正(司法院长1932—1948)与谢冠生(司法行政部长1937—1948)的结合,而所谓司法的进展以及成绩,很多都是由于二者合力的结果。又,居正司法时期之长时段同时可与民初大理院院长任职状况相参照,如按罗文干著《狱中人语》:"以言大理院院长,民国以来,在任最久者为董绶经,前后不过四年"[②]。

在不足40年的民国历史上,居正司法之意义不仅在于其时间上的事实,而在于与其它任何司法界的人物相比,居正及其思想,更可能具体表征司法的连续性、进程与司法的社会意义。居正司法16年又六个月,与以往历届司法总长比,在民国法律史上,为一个最为稳定而且连续的时段,因而我们大致可以在特定的历史情境里对居正司法作为一个历史时期进行研究。本文将民国元年至民国二十年的差不多20年时间(1912—1931),称为前居正司法时期,民国二十一年至三十七年六月止为居正司法时期(1932.1—1948.6),这样的划分,仅依时间与人物的事实,可以清晰划出两个不同的时间段,民国司法史由此可以有明确二分的司法时期。

按照目前已出版的有关居正的传记文字[③],居正自1876年11月出生湖北广济,1951年11月在中国台北逝世,中间可以两个时间点划分出三个明确的时段:1876年11月至1905年夏,耕读时期(29年);1905年9月至1931年12月,始于东赴日本求学终于首

---

① 陈伯中编辑:《郑彦棻八十年》,台北传记文学出版社1982年,45—46页。

② 罗文干:《狱中人语》,台北文海出版社1971年,第37—38页。

③ 赵玉明:《菩萨心肠的革命家:居正传》,台北近代中国出版社1982年;林济:《居正传》,湖北人民出版社1993年。《居正传记资料》,台北天一出版社。

次当选司法职务，为革命时期（27 年）；1932 年 1 月始任，至 1948 年 7 月 1 日辞司法院长职务，为司法时期（16 年半。1948 年后任监察委员，可视为司法职务的延续，则司法时期可包括近 20 年）。本文将 1932 年视为另一个时间点开始居正司法时期，与此前任何阶段明显区分。将 1932—1948 年视为司法时期，不仅对于居正本人的研究而言，同时对于整个司法制度的考察言，这个时期可以完全以居正连续任职司法院长这一事实为标准，从而使时段的划分产生意义。这样，对于居正的研究本身而言就存在了三个明确区分的时期：耕读时期，革命时期，司法时期。

1932 年，居正任职司法院，是年居正已 56 岁。相对于此后 16 年半的司法时期，居正此前的知识、经历及政治态度，足够为其司法提供一种经验与原则，因此可能影响居正司法时期在法律与社会整合过程中的功能与意义。

耕读时期生活，居正先生自著《梅川谱偈》，有详细记述[①]。在耕读经历对其影响的方面：如张文伯[②]所述，“先生出身农家，始终不妄稼穑艰难，且以得终老田园为乐……平居布衣一袭瓜帽一顶，或临池操觚，或莳花种菜，身处庙堂，意在湖山，不知者以为田野老人。忆其初任司法院长时，晨兴便骑马郊游，继即便服徒步到院，门警睹状固不知其即为院长，竟揽住他不准进去，及经旁人指明，又不胜惶恐，先生温语慰之，并传令嘉其尽职，亦一佳话”[③]。如牟

① 居正：《梅川谱偈》，单行本（1949、1975 年），陈三井、居蜜：《居正先生全集》上册，第 87－154 页；罗福惠、萧怡：《居正文集》下册，第 509－573 页。

② 张文伯，江苏人，曾官至司法行政部民事司长，著有《庞德学述》，1929 年与居正相识。

③ 李翊民等编：《居觉生先生全集》下册，第 20 页。

宗三所言:“我第一印象,便觉此老不同凡响,一无官气,二无党气,而正面的意思,便觉得一个老居士在眼前……而当时身为院长之尊,亦只是平平的,身居庙廊、而神游山林,此是英雄本色,亦惟有真豪杰始能有此境界”[①]。如徐佛观言,“这种素直简朴的农村的气息,也许就是当时的开国精神”[②]。

在革命时期,在日本法政大学法政速成班政治科两年的大学生活,使居正一方面有充分的时间社交,1905 年 11 月由宋教仁主盟加入同盟会,为此后 20 多年政治与革命经历奠定组织和意识形态基础;另一方面,居正开始成为一个政治革命的忠实信仰与倡导者。按照居正自己的回忆[③],在积极革命的 20 多年时间,承担过多种革命者角色:1. 革命报人,从事笔政,在新加坡与缅甸参与革命党与保皇党的政治论争,赢得舆论声誉,使自身成为革命意识形态的代言人[④]。2. 位居党内中枢,1914 年,孙中山组建中华革命党,

---

① 李翊民等编:《居觉生先生全集》下册,第 36 页。

② 同上,第 33 页。

③ 陈三井、居蜜:《梅川谱偈》民国纪年前七年(1905 年)至民国二十年(1931 年),载《居正先生全集》,第 97 - 124 页。

④ 《梅川谱偈》民国纪年前五年,居正离开日本,途经香港至新加坡,参与革命党与保皇党文字论战一个月,保皇党败走。这使居正第一次作为主笔,借助以报纸为媒介的公共领域,赢得个人声誉(居正随后借势于缅甸创办《光华日报》。1914 年,居正于日本受命经理《民国》杂志)。这一方面可以为居正本人坚定信仰,另一方面,以报纸、新闻、杂志为媒介所形成的公共领域,影响居正对于权力斗争,政治交流及宣传的理解,以致后来,居正司法时期的明显特征,在于着重司法公共领域与话语的建构,如发起中华民国法学会(1935 年),重编中华法学杂志(1936 年),维持营运朝阳大学(1937—1951)等等,都能表明革命时期从事笔政对于日后司法的影响。

"迄开成立大会,任余为党务部长"[①]。这种历史的处境,使居正成为名副其实的国民党"元老",因此,"政党"与"党性"问题与司法问题因为居正不可避免地在民国法律进程中产生联系[②]。3. 战争参与者及领导者,最著名者如1916年在山东统领中华革命军东北军,此次实为居正首次独自承当领袖职务,虽不足三个月时间,对居正个人而言,使居正在军事与政治的两个层面上同时得到权力意义上的强化[③]。4. 在孙中山逝世后的五年内,国民党内部权力的冲突与重组,使居正因莫须有罪名受羁两年(1929年冬—1931年10月)[④]。此间,居正至少在两个方面认识上的变化,足以影响到后来的司法时期:一是对于司法(军法)制度,尤其是监所有切身所感,与各国考察中国司法报告书相印证,可能影响到其后来任职司法以及改革司法的深度问题。二是居正在狱中开始研读佛经,而

---

① 《梅川谱偈》民国三年(1914年),居正出任党务部长,比其民国初建担任内务部次长,及后来历次担任国民党中央委员职务,其意义对于居正司法而言最为重大。1914年,不仅使居正可以成为孙中山先生最为信赖者之一,而且使居正本人后来固守"党义"、"党性",有深厚的历史情愫。居正任职司法,在理论上阐明与维护司法党化,大可显示出其党性之笃。

② 第三篇"司法党化问题"相关诸观点。

③ 郭芳美:《居正与中国革命1905—1916》第七章"山东兴兵讨袁";按王子壮氏所记"民国五年居先生领导之东北革命军,起义于潍县,蒋(介石)先生为参谋长"。中央研究院近代史研究所编印:《王子壮日记》(手稿本),台北中央研究院近代史研究所2001年,第三册,第213页。又按李宗仁氏所言:"居氏是党国元老,为人正派,敢作敢为。对于蒋先生的态度一向不卑不亢……据居告我,民国二年'二次革命'前,中山先生派他出任山东民军总司令,蒋先生曾活动想到居氏司令部任参谋长,为居所拒绝,不克如愿。嗣后,民国十八、十九两年全国反蒋运动进入高潮时,居亦尝有反蒋论调,深为蒋先生所忌,一度被软禁于上海",李宗仁口述、唐德刚撰写:《李宗仁回忆录》,华东师范大学出版社1995年,第727页。

④ 陈三井、居蜜:《梅川谱偈》中华民国十八年(1929),十九年(1930),二十年(1931)所记,载《居正先生全集》,第122—124页。

且形成了习惯，以致其后来的法理论述及司法实践多受其修读佛学的影响[①]。

概言之，在耕读与革命两个时期，居正在学识与政治经验两个方面都形成了强烈的特征，这样的特征可以简单以"党性"来概括[②]，二者为后来居正司法提供了稳定的意识形态与支持动力。居正作为党人，一直积极参与党务之治理与营运，自1931年12月始至1947年12月止，居正共七任国民党中央执行委员会常务委员，尤在1936年居正作为国民党中央委员，身兼政职(2)与党职(8)共10种[③]。也就是说，在居正司法期间，政治与党性之关联以及二者与司法之间很容易交流与互动，这种状况无论如何都会影响到居正司法时期司法制度总体的发展特征与角色。

二

有关居正先生本人的著作整理，台湾中央研究院近史所在1998年至2000年间出版《居正先生全集》，共三册，2000页多，收录了先生本人

① 《梅川谱偈》，载《居正先生全集》，第341—343页，277—278页。谢冠生著：《簋笙堂文稿》，台湾商务印书馆1973年，第124—126页。

② "党性"一词概括人物与司法之间的联系，有两个基本的原因，一在于主张慎重对待"政党"与"党性"的问题。大约只有政党与法治在中国现代性进展的方面，是全新而不可或缺的方面；一在于使我们对于法律、司法及法治的思考放在具体的情境中，而"党性"的问题不仅可以提供这样的情境，而且使我们的思考同时必须受到如此的限制。

③ 王奇生：《党员、党权与党争1924—1949年中国国民党的组织形态》，上海书店出版社2003年，第157、160、162页。

数量众多的法学作品与司法公文,其中辑有先生任职司法院时的109项训令,及近40篇与司法相关的文稿与讲话。广西师范大学出版社2004年整理出版《居正日记书信未刊稿》,辑录居正自1945至1951年个人日记,对1945年之后有关司法复员与建设的史实有很多可供后人参考的个人见解与论述。2007年12月,广西师范大学出版社复出版发行《上海图书馆庋藏居正先生文献集录》,影印辑入居正家属近年来陆续捐赠给上海图书馆的文书资料[①]。该文献集录最终共收入各类文书560件,内容主要在五个方面:1929年至1931年居正被捕入狱期间形成的文献材料;1945年至1951年居正个人日记;居正与国民党政要或者友朋之间互通往来形成的信函手稿;居正与家人通信手稿;居正诗词、演讲稿等原作手稿与少数报章文论。2009年6月,20世纪中华法学文丛编委会编辑出版《为什么要重建中国法系——居正法政文选》[②],目前所能见到居正有关法政的文字悉数收入其中。此外,2011年8月,先生嫡孙女、现任美国国会图书馆亚洲部学术研究主任居蜜博士新著《居正与辛亥革命》由中华书局出版,是书于8000余件居正先生手稿家藏中摘选汇编成册,以飨读者。总之,以上五种文集的出版,使有关居正先生各种文集的出版工作基本完备,为认识与评价居正司法时期的个人思想与实践提供了丰富的基本资料。相应地,理解与评价居正先生法律哲学上的观点,也成为可能与可靠的事情。

按《居正日记书信未刊稿》(谢幼田辑),居正不仅在法官训练所(1935年后),而且还在中央政治大学等不同地点与场合(1947

---

① 上海图书馆编:《上海图书馆庋藏居正先生文献集录》(全九册),广西师范大学出版社2007年。

② 范忠信等编:《为什么要重建中国法系——居正法政文选》,中国政法大学出版社2009年。

年）讲授法律哲学：1947 年 10 月—11 月，居正先生曾于朝阳学院及中央政治学校公务员训练班讲法律哲学，并以讲法律哲学纯取材于中国典籍而自诩。按居正 1947 年 11 月 21 日记所记，“余讲法律哲学全取材于中国书典”，按 1947 年 12 月 8 日所记，“倪参事征曛请客……问庞德法律哲学之意义，略答以伦理的云云”；又如 1946 年后，庞德任司法行政部顾问，居正就法律哲学之思考，均乐见与庞德之主张契合：如按 1946 年 12 月 7 日所记，“阅庞德（1870—1964）报告谈法律教育，注重研究改造，中国应本自己历史自成一法系，并引证英美法有不适宜于中国之处，提供种种实例，均有见地，非揣摩心理说法”；又如庞德在 1947 年全国司法行政检讨会议上讲“中国需要一种可以统摄全国司法之基本法理的研究”（见庞德有关“近代司法问题”演讲）。如此可见，居正先生有关“司法党化”、“建立中国本位新法系”及法律哲学的论题，尤其有社会及其时代的背景支持。

一个法律哲学命题：司法党化

居正《司法党化问题》一文，最初发表在《中华法学杂志》第五卷第十、十一、十二号合刊，与《三年来之最高法院》出版时间（1934 年秋）大致相同。本文按居正在 1943 年 7 月中华法学会第二次年会（重庆）时的讲演，“党化司法，曾于民国二十二年（注：应为二十三年）发表一篇文章，载商务印书馆东方杂志，颇引起不少注意或非议”①，可以推知“司法党化问题”一文，应该是半年后在《东方杂志》“司法问题”专题下重新发表后，才

① 居正：《中华法系之重新建立》，载新编《中华法学杂志》第三卷第一期。

引起广泛的社会反响。同时又因为《司法党化问题》一文很大程度上是为全国司法会议的召开作意识形态动员,本文考察居正《司法党化问题》一文,即以1935年为准。

居正对于司法党化问题的阐述,有一个特殊的时间,即1935年,而1935年不论对居正本人,还是司法作为制度整体的发展而言,都是一个特殊的时间。

首先,居正当选司法院职务本身即为一个政治权力统一的标志,1931年12月底居正在中央周刊发表"本党团结完满实现"①,不但意味着居正本人经过牢狱之冤后重新成为政治意识形态与政治形势的代言人,而且宣称一个旧的法律时期结束。但需要注意,在新旧时期接替的时刻,自1932年始,在居正司法时期的前三年,是一个司法相对乏力的期间②。1935年前的几年时间内,司法的政治基础表现在国际与国内结合而成的"内忧外患"③,同时国民政府开始思考与筹划以"新生活运动,科学化运动、文化建设运

① 《中央周刊》第187卷,1932年1月4日。

② 居正:"说起这过去一年的司法状况,实在抱歉得很,虽然关于司法组织各事项,多属于司法行政范围,当时并不隶于司法院,要之无论纯粹司法与司法行政,在过去一年间,尚留许多缺憾于吾人胸臆,这是无可讳言的……目前司法现象,最使人不安的,大约有三点:(一)领事裁判权未撤销;(二)新式法院设立未普遍,致司法独立精神未能贯彻;(三)关于司法效能方面,虽年来力求达到'妥''速'两意,然尚不免有遗憾之处。"居正"一年来司法之回顾与前瞻",见《中央周报》第334—335期,第3—6页。

③ 王世杰所论:"自塘沽协议签订以来,迄今两载有余,政府之中日提携政策,只造成以下几种恶果:一、民风与士气之消沉(原因于新闻与言论之取缔,排货之禁止);二、无耻政客与汉奸之公开活动;三、忠实而有气节者渐渐不可安于其位;四、日报少壮派气焰之高长;五、国际同情心之消失;六、国民党正义权威之消失;七、冀察平津之名存实亡",《王世杰日记》(手稿本)第一册1935年7月17日记。

动"[①]为标志的新的政治规划。居正"增进司法效能"[②]及1935年新任司法行政部长王用宾"司法复兴"[③]之号召同时提出，与居正提出司法党化问题之讨论相得益彰。

其次，1935年对居正本人言，其承担的司法权力已经达到了民国时期任何司法界人物从未达到的程度：居正同时担任司法院长，最高法院院长；1934年始任司法行政部部长（1935年1月辞）。1935年意味着训政时期应当结束，民国法律形式上也达到了完整，司法开始为新时期准备理论与力量。

再者，一个基本的事实，经过居正三年时间的整顿，司法尤以最高法院仍存在着诸多问题，而以积案与程序问题最为突出[④]。因此，在1935年7月法院组织法颁布施行，改四级三审为三级三审，这种程序上的重大变革，不仅需要认识上的变迁，同时更需要对制度功能的细致设计。

事实上，1935年可以认为是居正司法时期最为重要与特征形成的一年，也可以说，居正"司法党化问题"之发表，可以视作一个里程碑事件：1."司法党化问题"是居正个人第一次从法学的角度，阐释司法的问题；2. 它不仅预示着司法未来发展可能的进路，空间

① 陈立夫：《今年之新生活运动》，见《中央周报》1935年1月14日第334—335期，第6页。

② 居正："一年来司法之回顾与前瞻"，见《中央周报》第334—335期，第3—6页。

③ 王用宾："过去一年司法行政概要"，见《中央周报》1936年1月6日第394，395，396期合刊，第1—4页。

④ 《三年来之最高法院》"办案情形及收结状况"5—7。

与角色;3. 而且意味着居正司法时期制度结构,人事[1]与认同的统一,在1935年以该篇文章作为一种宣示与动员。这三个方面的意义,可以集中表现随后全国司法会议的召开与中华民国法学会的成立,使司法真正成为一种有力与凝聚的权力。司法作为一种权力开始以统一的力量发起或者创造出一种政治紧张关系,司法界在民国史上第一次真正以整体形象在社会上崛起。此外,也因为1935年始的司法与政治之间关系变迁,有助于改良司法的社会形象,同时又使得居正对司法的言说与思想具有了象征意义与权威。

居正在对待司法党化的问题上,提出"党人(化)"与"党义(化)","司法长官党化"与"司法官党化","立法党化"与"司法党化","自然法学派"、"纯粹法学派"与"社会法学派","观念的法律"与"实在的法律","论理解释"与"演绎解释","法律僵化"与"活用党义","时代民族的世界观"与"普遍共同的世界观"等二分的概念群,显然超出了司法党化词义本身所蕴含的意义范围。可以说,居正利用司法党化问题提出了另一个命题:"为增进司法效能,期司法作用适合于人民实际生活起见,必须使司法官认识一国之根本法理,法律全系统之中心原则,实无疑义"[2]。这样的命题,意味着居正本人的思考同时将司法实践中的问题,与司法党化的问题放在一个更为广大的历史情境:"总括一句话,应当有一个三

① 1935年1月以力主"司法党化"与司法改革之王用宾任司法行政部长,7月,焦易堂任最高法院院长。两人任命经过,陈三井、居蜜:《居正先生全集》,第127页。有大致记载,其原因与其说在于二人对司法党化的支持,此为金沛仁氏观点,《文史资料选辑》合订本第二十七册,第98—117页,不如说二人对司法改革所秉持的激进态度,正合居正当时所思所想。

② 陈三井、居蜜:《居正先生全集》,第254页。

民主义的法律哲学之系统的研究”[①]。

按居正所论，在三民主义的语境下，“司法党化是不成问题的，所成为问题的就是——如何才叫做‘司法党化’？”[②]按照居正所论，司法党化并非主张“把一切司法官限制都取消了，凡党员都可以做司法官；把一切法律都取消了，任党员的司法官拿自己的意思武断一切”[③]。司法党化的问题在于司法人员党人化之后，如何注意党义之运用：这是居正对司法党化主张的核心，即一种主观党人化与客观党义化[④]的二元主义设计。居正有关司法党化的论述，在内涵与外延上，已经完全超出了文章标题语词所涵盖的意义。这篇文章不仅在于在认识论上试图全面解决党化引起的认识问题，同时文章又融入了对当时法律与法学理论的诸多批评。在内容上看，居正所使用的一组二分的概念，不仅为司法党化构建出一个合理与正当的理论前提，而且促使司法党化问题大而化之成为一个哲学命题。

法律哲学另一命题：建立中国本位新法系

在居正司法时期，1935 年全国司法会议最为重要的成绩，即中华民国法学会的迅速产生，以及随之而来的建设中国本位新法系论潮：以全国司法会议发轫，以中华民国法学会为组织，以司法界为主体，以民族主义与建设中国本位新法系为认识论，从文化建设

① 陈三井、居蜜：《居正先生全集》，第 255 页。
② 同上书，第 241 页。
③ 同上书，第 242 页。
④ 同上注。

的角度解释司法改革所需的连续性与整体性问题，从而奠定了法律民族化运动的意识形态、组织形式与基本内容。30 年代，随着文化建设问题讨论，以民族危机意识为引导，以三民主义以及本国固有文化为内容，所形成司法民族主义的信仰结构[①]，标志着废约运动发生向文化上的转型。

民国建立以来，司法因“进行太速，致生出无限之阻力”[②]，以致司法制度“蒙诟独甚，皆缘前此改革太骤，扩张太过，锐进之余，乃生反动”[③]。另一方面，“中国今日司法之缺点，多不在司法本身，而在（一）有力者不拥护不尊重司法，（二）不宽予经费而使其穷蹙莫能有所计划”[④]。可以说，司法制度自一开始在民国建设与营运，即面临着全面信任危机。司法进展最为不幸者，在于即使此后无论何种改进的努力，这种对国民于司法的偏见却一直以来根深蒂固。“中国的法院，尚缺少尊严和独立的精神。我们常以为蔑视中国法院的是外国人，不知瞧不起法院的反而是我们中国同胞”[⑤]。民众与法律之间所以产生如此深刻的认识冲突，其原因可以主要归结为法律方面的原因，即当时存在着一种“‘看不见中国’的中国法律”[⑥]。而事实上，法律的确如此。人民以“现在法律因为不是

---

① 有关司法民族主义信仰结构（belief structure of judicial nationalism）的观点，参见 G. Edward White, *The Marshall Court & Cultural Change 1815—1835*, New York. Oxford: Oxford University Press, 1991, 2－3。

② 丁文江、赵丰田编：《梁启超年谱长编》，上海人民出版社 1983 年，第 683 页。

③ 同上，第 685 页。

④ 吴昆吾：《中国今日司法不良之最大原因》，见《东方杂志》1935 年第 32 卷第 10 号，第 22 页。

⑤ 民国二十二年（1933 年）三月二十六日，居正纪念周演讲。

⑥ 阮毅成：“怎样建设中国本位的法律”，民国二十四年（1935 年）六月三日在中央广播电台讲，南京政治评论第 156 号。

本国的,所以往往人民以为是者,法律以为非;人民以为非者,法律以为是。法律距国民的感情日远,欲人民信仰法律,信仰政府,岂非南辕而北辙?”①

“看不见中国”的中国法律在事实上的存在,使社会上即发生种种不利于司法与法律进展的情绪与观念。以事后的观点来看,居正之所以强烈的推行各种司法民族化的主张,强调意识形态的整顿及建全司法界的组织,大概其初衷即在于挽救认识上的危机,以及克服因此危机而引起的各种有碍司法发挥效能的危局。如何妥善解决司法党化问题,以适应司法领域意识形态整合的要求,及如何有效地动员司法界之人员,不论法官、律师还是其它法界人员,使之形成有效的互动与有利司法改良的结果,是居正经历因最高法院所引起之个人信任危机后,试图解决整个司法系统危机的方法。

1935 年全国司法会议召开,所讨论所主张者,无非在方法论与目的论上的工作,也可以说是作新法学的努力。全国司法会议,无论是司法界包括司法长官、律师代表,还是学界先进专家,在认识上达成一种共识,共识之一,“咸有感于吾国法律制度之演进,尚未能适合吾国民族国家之生存”②;共识的另一个方面在于法律应非一成不变,“要当视时代之演进与社会之需要,适应民族国家之生存,而有以确立中国本位之新法系”③。基于此种共识,全国司法会议所带来的最直接的结果,在于此次会议催生出一个可以施行会

① 阮毅成:《所企望于全国司法会议者》,见《东方杂志》1935 年第 32 卷第 10 号,第 28 页。

② 洪兰友:《本刊之使命》,见《中华法学杂志》1936 年新编第一号“弁言”。

③ 洪兰友:《本刊之使命》。

议共识及促使各项目标实现的固定组织,也是"国内惟一之法学团体"①:中华民国法学会。

中华民国法学会以建设新法学为目标,典型地表现在中华民国法学会纲领与宣言中。法学会纲领,其文全录如下:

"中华民国法学会纲领:一、确认三民主义为法学最高原理,研究吾国固有法系之制度及思想,以达建立中国本位新法系;二、以民生史观为中心,研究现行立法之得失及改进方法,求与人民生活及民族文化相适应,并谋其进步;三、根据中国社会实际情形,指陈现行司法制度之得失,并研求最有效之改革方案;四、吸收现代法学思想,介绍他国法律制度,均以适合现代中国需要为依归;五、阐扬三民主义之立法精神,参证其它学派之优劣,以增进法界人员对于革命意义及责任之认识;六、普及法律知识,养成国民守法习惯,以转移社会风气,树立法治国家之基础"②。

总体而言,中华民国法学会"纲领六条,虽未指出吾人对中国法律的具体改进意见与方针,但如何重建自我的、觉醒的、创造性的、三民主义化的法系,则已于纲领中具体言之"③。纲要事实上强加于法学会一个极为庞大的角色,"本昌明中华民族固有文化之精神,因而研究世界先进法治国家之律令,以期能创造适合国情顺应

① 居正:《中华民国法学会三届年会献言》,载《中华法学杂志》1945 年第四卷第三期。

② 《中华法学杂志》新编第一号"居院长书本会纲领"。

③ 洪兰友:《中华民国法学会纲领释义》,载《中华法学杂志》第四卷第一期。

时代之法制，形成与大陆、英美鼎足而三之中华新法系”[①]。在这里，“民族”被置于“世界”之前，表面看来，纲领将新法系的提出与民族固有文化相联系，同时拉长法律的历史，强调中国有“数千年之悠久的历史与固有的本位文化思想”[②]，即认为改进司法，“不宜妄自菲薄，跬步学人”[③]，而其主张“今日唯一办法，即在将固有文化思想发扬而坚强之”[④]。在深刻的层面上，这意味着在中国正式出现了法律民族化运动，而法学会宣言与纲领之确立，即“中国法律民族化运动之先声”[⑤]。

基于中华民国法学会纲领，由居正为核心发起建设中国新法系的运动与思潮，事实上经历了两个阶段：1935 年至 1942 年的“中国固有”时期，这个时期集中表现在法律文化的历史发掘上，即强调通过民族固有文化以促成现时中国法律体系“新”特征的确立。1943 年至 1948 年为第二个阶段，以居正提出“重新建立”中国法系之主张为代表，集中表现为一个认识的转折，以追求“中国固有”文化无法及时呼应在废除不平等条约与领事裁判权后民族国家角色的急速转变，迫使中国新法系建设运动不得不由对固有文化的依赖转而采取一种更为开放的法律实用主义策略。

建设中国本位新法系的思潮，进入 1937 年后十年，一者因为战争所形成的混乱社会秩序，不得不使司法界设法寻找可能的出路，

---

① 《中华法学杂志》新编第一号，“中华民国法学会宣言”。

② 覃振：《中华民国法学会组织要义》，1936 年在上海法政学院演讲，见《中华法学杂志》新编第一号“弁言”。

③ 《中华法学杂志》新编第一号，“中华民国法学会宣言”。

④ 覃振：《中华民国法学会组织要义》。

⑤ 孙晓楼：《法律民族化的检讨》，载《东方杂志》第 34 卷第 7 号。

另一方面，因为“尝谓中国司法权之完整，有三大障碍，一为外国领事裁判制度，一为县长兼理司法，一为司法经费之不统一。在抗战期间，次第取消，已为建设法治，辟一坦途”①，反而使寻找中国法系的努力更加面临现时的压力。1939 年开始统一司法经费由中央划拨②，一年后完全实现，1943 年美英中三国新约的签订，领事裁判权废除，至 1948 年，以司法处之建制最终取代县长兼理司法之制，所有各种成就的达成，都使建立中国本位新法系的努力更加具有现实性。即按居正所论，建立中国本位新法系的运动，自 1943 年后进入更加积极的时期，“惟根据大时代之精神，以建立大时代之司法”③。

中华民国法学会经过抗战六周年后，1943 年 7 月于重庆召开中华法学会第二次年会。会后，成立第二届中华民国法学会，推居正为理事长。以居正“掌法有年，依经验所得，应有许多进步的说法，以新世人耳目”④，众推居正发言。借此机会，居正对其多年来推进司法建设之努力作出总结：“其实余所读的法，纯是旧有的。所司的法，更是现成的。进步不进步，那是我说不上来，不过我不自度量，有二个志愿：一是倡导‘党化司法’，一是‘重建中国法系’。党化司法，曾于民国二十二年⑤发表一篇文章，载商务印书馆

① 汪楫宝《民国司法志》，中国台北正中书局 1954 年，第 112 页。

② 居正：《致谢冠生函》一文：“司法经费，财部放手放胆，亦兄之积诚有以致之。但欲调查整理各省法政，殊非易事……司法改进案，望相机应付，想参政会不乏明达之士，断不会弄得牛头不对马嘴，非且行不通，且有碍于现制也”，罗福惠、萧怡：《居正文集》下册，第 439 页。

③ 居正：《抗战四年来之司法》，罗福惠、萧怡：《居正文集》下集，第 183 页。

④ 居正：《中华法系之重新建立》，在新编《中华法学杂志》第三卷第一期。

⑤ 应该是民国二十四年（1935 年）。

东方杂志，颇引起不少注意或非议。嗣办法官训练所，洪所长以此为实施训练之一。若夫‘中国法系’，在五大法系中，古而且老，经过治乱兴亡，时明时晦。近以舶来新颖，大都数典而忘，重新建立，谈何容易。古语说得好，‘求木之长者，必固其根本；欲流之远者，必浚其渊源’。用是硁硁锲而不舍，提出‘中国法系之重新建立’一问题，冀以此为发凡，引起学者法家，共同研究的兴趣，并请不吝批评”①。

居正初次就重新建设中国法系之系统论述是在 1944 年，复刊后中华法学杂志第一期编辑后记如是评论其文：“中国法系之重新建立，此文介绍中国法律演变的情形，证明中国法系纯可自成体系，末后具体的提出今后中国法律应走的方向——过去的礼治进于现代的法治。由农业社会国家进而为工农社会国家，有家族生活本位进入民族生活本位，而以三民主义为最高指导原则——一般研究法律的人往往只知道介绍外国的法律，因而形成数典忘祖之势，此文大可纠正这种误解，我们认为值得郑重介绍的”②。

事实上，自 1942 年开始，居正开始以很多的篇幅论证法治与宪政的问题③，以中国新法系论潮中的民族主义观点解释法治在中国的前途问题，“以为吾人负责努力之标准……一、遵行国父遗教。二、严格执行法律。三、注重合作精神。四、养成守法习惯。五、发扬固有道德……以上诸端，似为完成法治之途径，陈义不求甚高，

① 新编《中华法学杂志》第三卷第一期。

② 《中华法学杂志》第三卷第一期，“编辑后记”。

③ 如《宪法上之权与能》（1944 年）；《中国宪法上的几个问题》（1944 年）；《中华民国法学会三届年会献言》（1945 年）；《中华民国宪法颂并序》（1947 年）等等。

立言期于共喻”①。同时还要注意，在中华法学会第二届年会，居正开始明确提出“中国法治精神”的问题，即“中国法治精神，以三民主义为蕲向，目标自非常正确，法律本是人定出来的，法律也要待人去行。本会今后努力之方向，一面固要如上述对国际方面大问题加以检讨研究，一面对于当前司法上一切小问题，也要悉心研讨”②。可以说，法治精神（而非革命精神）的提出，为重建中华法系的努力提出了一个具体的目标。

中华民国法学会于1945年4月5日在重庆召开第三次年会，此时距第一次法学会成立已有十年，居正所领导的法律民族化运动出现了一个新的契机，即战争即将结束与法治开始的可能。是此会议，最值得注意者，即表现为居正对于中国新法系的阐释，由固有文化为本位，完全转变为重新建设的中国法系：“本会纲领第一条即明示，本会当在三民主义之原则下，求中国新法系之建立，抗战建国，正我民族复兴之机运，而亦我思想界革旧创新之良辰，三民主义之完成，即三民主义法制之完成，而三民主义法制下之新法律，即我民国之新法系也”③。之所以发生转变原因即在于二战后“我国将以四强之一出现于国际会议之中”，随着大国意识增强，“今抗战达最后关头，建国大业，如日初升……振起全国法界，为抗战建国尽最大之努力，为新中国之法学建设尽最大之努力”④。

---

① 居正：《法治前途之展望》，罗福惠、萧怡：《居正文集》下册，第677—683页。

② 居正于1943年7月24日中华法学会上的开会致词，载在新编《中华法学杂志》第三卷第一期，第78页。

③ 居正：《中华民国法学会第三届年会献言》，载新编《中华法学杂志》第四卷第三期，1945年，第5页。

④ 同上，第4页。

事实上，以居正为中心发起的建设中国本位新法系论潮，重在“现在的中国”的国家意识，强调法律或者法系的中国认同。在建设中国本位新法系思潮中，法系观念中的大国意识，由“中国固有”至“五大法系”的强调，以及二战后由“四强之一”至重建中国法系，不论谈固有法系还是重新建立，这一大国意识一直贯穿中国新法系思潮的始终，也可以认为是此间法律民族化运动最为基础的意识特征。